n 혁명, 회전
n 발견

n 일상 a 정기적인
a 이전의, 전의

n 지원 v 지원하다
n 화학

n 신부(<-->신랑)
v 무시하다

v 오염시키다
n 영향 v 영향을 미치다

n 고도
n 환자 a 인내심 있는

a 고대의
n 개인 a 개별적인

a 긍정적인
a 다양한

n 과정
n 연구 v 연구하다

n 존경 v 존중하다
n 인내(력)

1

○ **relax** [riléeks]
○ **suppose** [səpóuz]

○ **affect** [əfékt]
○ **require** [rikwáiər]

○ **add** [æd]
○ **involve** [inválv]

○ **prevent** [privént]
○ **fine** [fain]

○ **recent** [ríːsənt]
○ **normal** [nɔ́ːrməl]

◆ 실수의 대소관계 :

  임의의 실수 $a,\ b,\ c$에 대하여

① $a \leqq a$

② $a \leqq b,\ a \geqq b$ 이면 $a = b$

③ $a \leqq b,\ b \leqq c$ 이면 $a \leqq c$

HOW TO USE

1 하루하루 날짜를 기입하고 단어 30개와
수학공식을 학습해 나갑니다.

2 당일 학습과 더불어 복습주기율표를 참조하여
이전 학습한 단어들과 수학공식을 복습합니다.

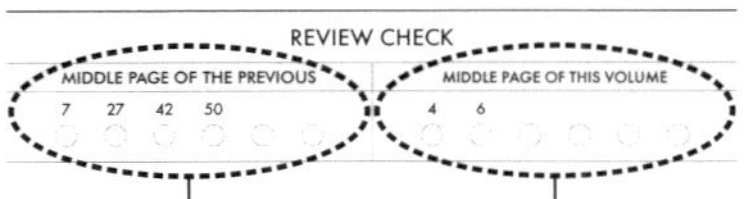

본 단어장을 처음 사용하는 학생은
신경쓸 필요가 없는 부분입니다.
그러나 시리즈로 두권째 이상
사용하는 경우에는 바로 전에
사용했던 단어장의 미들페이지를
찾아가서 거기에 있는 단어와
수학공식을 복습하면 됩니다.

지금 사용하고 있는 단어장의
미들페이지를 찾아가서 거기에 있는
단어와 수학공식을 복습하면 됩니다.

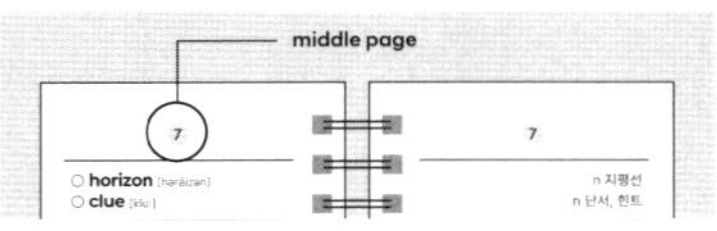

3 복습주기율표는 총 6회 복습하는 시스템인데,
권장하는 복습방식은 먼저 셀프테스트를 치른후
결과를 기입하고 틀린 단어를 다시 집중적으로
학습하여 다음 복습테스트를 대비합니다.

4 사정상 중간중간 하루이틀씩 빼먹더라도 그냥
계속 이어서 단어 암기와 복습을 해 나갑니다.

- ○ **revolution** [rèvəlú:ʃən]
- ○ **discovery** [dìskʌ́vəri]

- ○ **routine** [ru:tí:n]
- ○ **former** [fɔ́:rmər]

- ○ **support** [səpɔ́:rt]
- ○ **chemistry** [kémistri]

- ○ **bride** [braid]
- ○ **ignore** [ignɔ́:r]

- ○ **pollute** [pəlú:t]
- ○ **influence** [ínfluəns]

- ○ **altitude** [ǽltətjù:d]
- ○ **patient** [péiʃənt]

- ○ **ancient** [éinʃənt]
- ○ **individual** [ìndəvídʒuəl]

- ○ **positive** [pɑ́zətiv]
- ○ **various** [véəriəs]

- ○ **process** [prɑ́ses]
- ○ **research** [rí:sə:rtʃ]

- ○ **respect** [rispékt]
- ○ **patience** [péiʃəns]

1

v 편안하게 하다, 휴식하다
v 가정하다

v ~에 영향을 미치다
v 요구하다

v 추가하다
v 포함하다, 관련시키다

v 예방하다
a 좋은 n 벌금

a 최근의
a 정상적인

최초 학습일	.　　　　.

SELF-TEST RESULT

1st	2nd	3rd	4th	5th	6th
/30	/30	/30	/30	/30	/30

REVIEW CHECK

MIDDLE PAGE OF THE PREVIOUS	MIDDLE PAGE OF THIS VOLUME
1　21　36　44　48　50	
○ ○ ○ ○ ○ ○	○ ○ ○ ○ ○ ○

- ○ **co-worker** [kòuwə́:rkər]
- ○ **deal** [di:l]

- ○ **notice** [nóutis]
- ○ **mass** [mæs]

- ○ **senior** [sí:njər]
- ○ **valuable** [vǽlju:əbəl, -ljəbəl]

- ○ **mean** [mi:n]
- ○ **bleed** [bli:d]

- ○ **raise** [reiz]
- ○ **present** [prézənt]

- ○ **present** [prizént]
- ○ **suggest** [səgdʒést]

- ○ **provide** [prəváid]
- ○ **allow** [əláu]

- ○ **consider** [kənsídər]
- ○ **realize** [rí:əlàiz]

- ○ **reduce** [ridjú:s]
- ○ **formal** [fɔ́:rməl]

- ○ **unique** [ju:ní:k]
- ○ **creative** [kri:éitiv]

n 동료
n 거래 v 다루다

n 공지 v 알아차리다
n 대량, 질량

a 고위의 n 연장자
a 귀중한

v 의미하다, 의도하다 a 인색한
v 피가 나다, 출혈하다

v 올리다, 모금하다, 기르다 n 임금인상
n 현재, 선물 v 참석한, 현재의

v 제시(수여)하다
v 제안하다, 암시하다

v 제공하다
v 허락하다

v 고려(숙고/배려)하다, 여기다
v 깨닫다, 실현시키다

v 줄이다
a 공식적인, 격식 있는

a 독특한
a 창의적인

- ○ **negative** [négətiv]
- ○ **eventually** [ivéntʃuəli]

- ○ **globe** [gloub]
- ○ **shadow** [ʃǽdou]

- ○ **majority** [mədʒárəti]
- ○ **association** [əsòusiéiʃən]

- ○ **journal** [dʒə́:rnəl]
- ○ **chore** [tʃɔ:r]

- ○ **procedure** [prəsí:dʒər]
- ○ **mustache** [məstǽʃ]

◈ **절대값**

수직선 위에서 실수 a에 대응하는 점을 A라 할 때, O에서 점 A까지의 거리 $\overline{OA}$를 a의 절대값이라 하고, 기호 $|a|$로 나타낸다.

$$|a| = \begin{cases} a & (a \geq 0) \\ -a & (a < 0) \end{cases}$$

2

a 부정적인
ad 결국

n 지구, 구
n 그림자

n 대다수, 과반수
n 협회, 연관

n 저널, 일기
n 집안일, 잡일

n 절차, 과정
n 콧수염

최초 학습일	. .

SELF-TEST RESULT

1st	2nd	3rd	4th	5th	6th
/30	/30	/30	/30	/30	/30

REVIEW CHECK

MIDDLE PAGE OF THE PREVIOUS	MIDDLE PAGE OF THIS VOLUME
2　22　37　45　49	1
○　○　○　○　○　○	○　○　○　○　○　○

- **moss** [mɔ(:)s]
- **package** [pǽkidʒ]

- **debt** [det]
- **scarcity** [skéərsəti]

- **liberty** [líbərti]
- **zeal** [zi:l]

- **superstition** [sù:pərstíʃən]
- **divorce** [divɔ́:rs]

- **weed** [wi:d]
- **drip** [drip]

- **echo** [ékou]
- **commute** [kəmjú:t]

- **dwell** [dwel]
- **applaud** [əplɔ́:d]

- **generation** [dʒènəréiʃən]
- **industry** [índəstri]

- **advance** [ədvǽns]
- **benefit** [bénəfit]

- **cure** [kjuər]
- **treat** [tri:t]

n 이끼
n 포장, 소포

n 빚
n 부족, 결핍

n 자유
n 열정, 열의

n 미신
n 이혼 v 이혼하다

n 잡초
n 방울 v 떨어지다

n 메아리 v 메아리치다
n 통근 v 통근하다

v 거주하다, 살다
v 박수치다, 칭찬하다

n 세대
n 산업

n 발전 v 발전하다
n 이익 v 혜택을 주다

n 치료 v 치료하다
v 대하다, 치료하다

○ **describe** [diskráib]
○ **perform** [pərfɔ́:rm]

○ **accept** [æksépt]
○ **achieve** [ətʃíːv]

○ **avoid** [əvɔ́id]
○ **remain** [riméin]

○ **suffer** [sʌ́fər]
○ **material** [mətíəriəl]

○ **male/female** [meil]/[fí:meil]
○ **essential** [isénʃəl]

◆ 절대값의 성질

① $|a| \geqq 0, \ |a| = |-a|$

② $|a|^2 = a^2$

③ $|a||b| = |ab|$

④ $\dfrac{|a|}{|b|} = \left| \dfrac{a}{b} \right|$ (단, $b \neq 0$)

3

v 설명하다
v 수행하다, 공연하다

v 수용하다
v 달성하다

v 피하다
v 남다

v 고통받다
a 물질적인 n 재료

n 남성/여성
a 필수적인

최초 학습일	.	.

SELF-TEST RESULT

1st	2nd	3rd	4th	5th	6th
/30	/30	/30	/30	/30	/30

REVIEW CHECK

MIDDLE PAGE OF THE PREVIOUS	MIDDLE PAGE OF THIS VOLUME
3 23 38 46 50	2

- ○ **tiny** [táini]
- ○ **particular** [pərtíkjələr]

- ○ **similar** [símələr]
- ○ **besides** [bisáidz]

- ○ **expert** [ékspə:rt]
- ○ **species** [spí:ʃi(:)z]

- ○ **appearance** [əpíərəns]
- ○ **character** [kǽriktər]

- ○ **quality** [kwáləti]
- ○ **method** [drip]

- ○ **movement** [mú:vmənt]
- ○ **instance** [ínstəns]

- ○ **variety** [vəráiəti]
- ○ **match** [mætʃ]

- ○ **figure** [fígər]
- ○ **damage** [dǽmidʒ]

- ○ **block** [blɑk/blɔk]
- ○ **approach** [əpróutʃ]

- ○ **stick** [kjuər]
- ○ **beat** [bi:t]

a 아주 작은
a 특별한

a 유사한
ad 게다가

n 전문가
n 종(種)

n 외모
n 성격, 캐릭터

n 품질
n 방법

n 움직임
n 사례

n 다양성
n 경기 v 일치하다

n 숫자, 형태 v 계산하다
n 손상 v 손상시키다

n 블록 v 차단하다
n 접근 v 접근하다

n 막대기 v 붙이다
v 이기다, 때리다

○ **occur** [əkə́:r]
○ **depend** [dipénd]

○ **belong** [bilɔ́(:)ŋ]
○ **contain** [kəntéin]

○ **encourage** [enkə́:ridʒ]
○ **reflect** [riflékt]

○ **survive** [sərváiv]
○ **separate** [sépərèit]

○ **separate** [sépərit]
○ **calm** [kɑ:m]

◆ 복소수 :

두 실수 a, b에 대하여
$a + bi(i = \sqrt{-1})$로 나타낸 수

$$a + bi \begin{cases} b = 0 \ : \ 실수 \\ a = 0, \ b \neq 0 \ : \ 순허수 \end{cases}$$

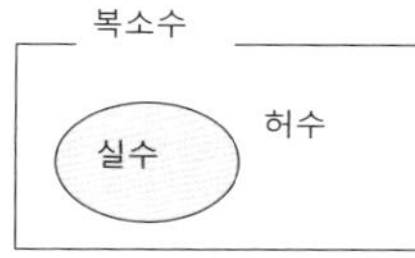

4

v 발생하다
v 의존하다

v 속하다
v 포함하다

v 격려하다
v 반영(반사)하다

v 생존하다
v 분리하다

a 별개의
a 차분한 v 진정시키다

최초 학습일

SELF-TEST RESULT

1st	2nd	3rd	4th	5th	6th
/30	/30	/30	/30	/30	/30

REVIEW CHECK

MIDDLE PAGE OF THE PREVIOUS						MIDDLE PAGE OF THIS VOLUME					
4	24	39	47			1	3				
○	○	○	○	○	○	○	○	○	○	○	○

- ○ **polite** [pəláit]
- ○ **active** [ǽktiv]

- ○ **disabled** [diséibəld]
- ○ **available** [əvéiləbəl]

- ○ **merely** [míərli]
- ○ **freedom** [frí:dəm]

- ○ **tradition** [trədíʃən]
- ○ **adventure** [ædvéntʃər, əd-]

- ○ **crime** [kraim]
- ○ **aspect** [ǽspekt]

- ○ **solution** [səlú:ʃən]
- ○ **account** [əkáunt]

- ○ **range** [reindʒ]
- ○ **supply** [səplái]

- ○ **demand** [dimǽnd]
- ○ **fuel** [fjú:əl]

- ○ **lie** [lai]
- ○ **spread** [spred]

- ○ **feed** [fi:d]
- ○ **gather** [gǽðər]

a 공손한
a 활동적인

a 장애가 있는
a 이용 가능한

ad 단지
n 자유

n 전통
n 모험

n 범죄
n 측면

n 해결책
n 계좌 v 설명하다

n 범위 v 배열하다
n 공급 v 공급하다

n 수요 v 요구하다
n 연료 v 연료를 공급하다

v 거짓말하다, 눕다
v 펼치다, 퍼지다

v 먹이다
v 모으다

○ **satisfy** [sǽtisfài]
○ **determine** [ditə́:rmin]

○ **establish** [istǽbliʃ]
○ **advertise** [ǽdvərtàiz]

○ **compare** [kəmpέər]
○ **recognize** [rékəgnàiz]

○ **fit** [fit]
○ **lower** [lóuər]

○ **direct** [dirékt, dai-]
○ **commercial** [kəmə́:rʃəl]

◆ 복소수의 상등

a, b, c, d 가 실수일 때

$a + bi = 0 \Leftrightarrow a = 0, \ b = 0$

$a + bi = c + di \Leftrightarrow a = c, \ b = d$

5

v 만족시키다
v 결정하다

v 설립하다
v 광고하다

v 비교하다
v 인식하다

a 알맞은 v 맞다, 적합하다
v 낮추다

v 지시하다 a 직접적인
a 상업적인 n 광고

최초 학습일	.	.

SELF-TEST RESULT

1st	2nd	3rd	4th	5th	6th
/30	/30	/30	/30	/30	/30

REVIEW CHECK

MIDDLE PAGE OF THE PREVIOUS				MIDDLE PAGE OF THIS VOLUME	
5　25　40　48				2　4	
○　○　○　○　○　○				○　○　○　○　○　○	

- **complex** [kάmpleks]
- **ordinary** [ɔ́:rdənèri]

- **aware** [əwέər]
- **responsible** [rispάnsəbəl]

- **otherwise** [ʌ́ðərwàiz]
- **occurrence** [əkə́:rəns]

- **youth** [ju:θ]
- **soil** [sɔil]

- **equipment** [ikwípmənt]
- **term** [tə:rm]

- **advantage** [ædvǽntidʒ]
- **board** [bɔ:rd]

- **chat** [tʃæt]
- **trick** [trik]

- **attack** [ətǽk]
- **attempt** [ətémpt]

- **exchange** [ikstʃéindʒ]
- **pressure** [préʃər]

- **hide** [haid]
- **gain** [gein]

a 복잡한 n 복합(체)
a 평범한

a 알고 있는
a 책임이 있는

ad 그렇지 않으면
n 발생

n 젊음, 청년
n 흙, 토양

n 장비
n 용어, 기간

n 이점
n 판, 이사회

n 대화 v 이야기하다
n 속임수 v 속이다

n 공격 v 공격하다
n 시도 v 시도하다

n 교환 v 교환하다
n 압력

v 숨기다
v 얻다

- ○ **discuss** [diskʌ́s]
- ○ **exist** [igzíst]

- ○ **manage** [mǽnidʒ]
- ○ **apply** [əplái]

- ○ **replace** [ripléis]
- ○ **appreciate** [əprí:ʃièit]

- ○ **refer** [rifə́:r]
- ○ **content** [kəntént]

- ○ **content** [kάntent]
- ○ **folk** [fouk]

◈ **복소수의 성질**

$z = a + bi$ 이고 $a,\ b$ 는 실수일 때

① $\overline{z_1 + z_2} = \overline{z_1} + \overline{z_2}$

② $\overline{z_1 z_2} = \overline{z_1}\,\overline{z_2}$

③ $\overline{a} = a$ (실수의 켤레복소수는 실수 자신)

④ $z + \overline{z_1} = 2a,\ \ z\overline{z} = a^2 + b^2$

v 논의하다, 토론하다
v 존재하다

v 관리하다, 운영하다
v 적용하다, 지원하다

v 교체하다, 대체하다
v 감사하다, 감상하다

v 언급하다, 참조하다
a 만족하는

n 내용
n 사람들, 민속

최초 학습일	.	.

SELF-TEST RESULT

1st	2nd	3rd	4th	5th	6th
/30	/30	/30	/30	/30	/30

REVIEW CHECK

MIDDLE PAGE OF THE PREVIOUS	MIDDLE PAGE OF THIS VOLUME
6 26 41 49	3 5
○ ○ ○ ○ ○	○ ○ ○ ○ ○ ○

- **medium** [míːdiəm]
- **genetic** [dʒənétik]

- **due** [djuː]
- **effective** [iféktiv]

- **entire** [entáiər]
- **familiar** [fəmíljər]

- **nevertheless** [nèvərðəlés]
- **concept** [kánsept]

- **scale** [skeil]
- **explanation** [èksplənéiʃən]

- **fund** [fʌnd]
- **witness** [wítnis]

- **request** [rikwést]
- **aim** [eim]

- **biotechnology** [báiouteknálədʒi]
- **organism** [ɔ́ːrgənìzəm]

- **emotion** [imóuʃən]
- **belief** [bilíːf]

- **economy** [ikánəmi]
- **rate** [reit]

n 매체 a 중간의
a 유전의

a 기한이 된, ~할 예정인
a 효과적인

a 전체의, 전부의
a 친숙한, 익숙한

ad 그럼에도 불구하고
n 개념, 관념

n 규모, 비율
n 설명

n 자금, 기금 v 자금을 지원하다
n 목격자 v 목격하다

n 요청 v 요청하다
n 목표 v 목표하다

n 생명공학
n 유기체

n 감정
n 믿음, 신념

n 경제
n 비율 v 평가하다

○ **suit** [suːt]
○ **court** [kɔːrt]

○ **export** [ekspɔ́ːrt]
○ **risk** [risk]

○ **progress** [prɑ́gres]
○ **progress** [prəgrés]

○ **escape** [iskéip]
○ **measure** [méʒər]

○ **decrease** [díːkriːs]
○ **summit** [sʌ́mit]

◈ 복소수의 성질

$a > 0$ 일 때

① $\sqrt{-a} = \sqrt{a}\,i$

② $-a$의 제곱근은 $\pm\sqrt{a}\,i$

◆ $i = \sqrt{-1},\ i^2 = -1,\ i^3 = -i,\ i^4 = 1$

n 정장 v 소송하다
n 법원, 안뜰

n 수출 v 수출하다
n 위험 v 위험을 무릅쓰다

n 진전
v 나아가다

n 탈출 v 탈출하다
v 측정하다 n 치수

v 감소하다 n 감소
n 정상, 정점

최초 학습일	.	.

SELF-TEST RESULT

1st	2nd	3rd	4th	5th	6th
/30	/30	/30	/30	/30	/30

REVIEW CHECK

MIDDLE PAGE OF THE PREVIOUS	MIDDLE PAGE OF THIS VOLUME
7 27 42 50	4 6
○ ○ ○ ○ ○ ○	○ ○ ○ ○ ○ ○

○ **horizon** [həráizən]
○ **clue** [klu:]

○ **context** [kántekst]
○ **assignment** [əsáinmənt]

○ **faith** [feiθ]
○ **hunger** [hʌŋgər]

○ **individuality** [ìndəvìdʒuǽləti]
○ **trend** [trend]

○ **fault** [fɔ:lt]
○ **protest** [prətést]

○ **institute** [ínstətjù:t]
○ **display** [displéi]

○ **glance** [glæns]
○ **reserve** [rizə́:rv]

○ **capture** [dimǽnd]
○ **deserve** [dizə́:rv]

○ **float** [flout]
○ **weigh** [wei]

○ **declare** [diklέər]
○ **advise** [ədváiz]

n 지평선
n 단서, 힌트

n 맥락, 상황
n 과제, 임무

n 믿음, 신념
n 배고픔, 굶주림

n 개성
n 경향, 추세

n 결함, 잘못
n 항의 v 항의하다

n 기관 v 설립하다
n 전시 v 전시하다

n 힐끗 봄 v 힐끗 보다
n 비축 v 예약하다

n 포획 v 포착하다
v ~을 받을 만하다

v 떠다니다, 부유하다
v 무게를 재다

v 선언하다, 발표하다
v 조언하다

○ **seek** [siːk]
○ **succeed** [səksíːd]

○ **prefer** [prifə́ːr]
○ **predict** [pridíkt]

○ **relate** [riléit]
○ **willing** [wíliŋ]

○ **proper** [prɑ́pər]
○ **specific** [spisífik]

○ **private** [práivit]
○ **apart** [əpɑ́ːrt]

◈ 복소수의 연산

$$(a+bi) \pm (c+di) = (a \pm c) + (b \pm d)i$$

(복호 동순)

$$(a+bi)(c+di) = (ac-bd) + (ad+bc)i$$

$$\frac{a+bi}{c+di} = \frac{ac+bd}{c^2+d^2} + \frac{bc-ad}{c^2+d^2}i$$

8

v 찾다, 추구하다
v 성공하다, 계속되다

v 선호하다
v 예측하다

v 관련시키다
a 기꺼이 ~하는

a 적절한, 올바른
a 구체적인

a 사적인, 개인의
ad 떨어져, 분리되어

최초 학습일	. .

SELF-TEST RESULT

1st	2nd	3rd	4th	5th	6th
/30	/30	/30	/30	/30	/30

REVIEW CHECK

MIDDLE PAGE OF THE PREVIOUS	MIDDLE PAGE OF THIS VOLUME
8　28　43　○ ○ ○ ○ ○ ○	1　5　7　○ ○ ○ ○ ○ ○

- **humanity** [hju:mǽnəti]
- **enemy** [énəmi]

- **grain** [grein]
- **surface** [sə́:rfis]

- **sickness** [síknis]
- **possibility** [pὰsəbíləti]

- **crisis** [kráisis]
- **strategy** [strǽtədʒi]

- **custom** [kʌ́stəm]
- **criticize** [krítisὰiz]

- **pretend** [priténd]
- **infant** [ínfənt]

- **blank** [blæŋk]
- **contemporary** [kəntémpərèri]

- **inner** [ínər]
- **elderly** [éldərli]

- **gloomy** [glú:mi]
- **severe** [sivíər]

- **namely** [néimli]
- **amuse** [əmjú:z]

n 인류, 인간성
n 적, 적대자

n 곡물, 알갱이
n 표면

n 병, 질병
n 가능성

n 위기
n 전략

n 관습, 풍습, 관행
v 비판하다

v 가장하다
n 유아

a 빈 n 공백
a 현대의, 동시대의 n 동시대

a 내부의, 내면의
a 노인의, 고령의

a 우울한, 음산한
a 심각한, 엄격한

ad 즉, 다시 말해
v 즐겁게 하다, 재미있게 하다

○ **withdraw** [wiðdrɔ́]
○ **myth** [miθ]

○ **disorder** [disɔ́:rdər]
○ **insight** [ínsàit]

○ **mention** [ménʃən]
○ **handle** [hǽndl]

○ **attend** [əténd]
○ **preserve** [prizə́:rv]

○ **remind** [rimáind]
○ **respond** [rispánd]

◆ 인수분해 공식

① $ma \pm mb = m(a \pm b)$

② $a^2 \pm 2ab + b^2 = (a \pm b)^2$

③ $a^2 - b^2 = (a - b)(a + b)$

④ $a^3 \pm b^3 = (a \pm b)(a^2 \mp ab + b^2)$

⑤ $a^3 \pm 3a^2b + 3ab^2 \pm b^3 = (a \pm b)^3$

⑥ $a^2 + b^2 + c^2 + 2ab + 2bc + 2ca = (a + b + c)^2$

⑦ $a^3 + b^3 + c^3 - 3abc = (a + b + c)(a^2 + b^2 + c^2 - ab - bc - ca)$

v 철회하다, 인출하다
n 신화, 전설

n 장애, 무질서
n 통찰력, 이해

v 언급하다
n 손잡이 v 다루다

v 참석하다, 주의하다
v 보존하다, 유지하다

v 상기시키다
v 응답하다

최초 학습일	.	.

SELF-TEST RESULT

1st	2nd	3rd	4th	5th	6th
/30	/30	/30	/30	/30	/30

REVIEW CHECK

MIDDLE PAGE OF THE PREVIOUS	MIDDLE PAGE OF THIS VOLUME
9 29 44	2 6 8
○ ○ ○ ○ ○ ○	○ ○ ○ ○ ○ ○

- ○ **argue** [ɑ́:rgjuː]
- ○ **fossil** [fɑ́sl]

- ○ **extinction** [ikstíŋkʃən]
- ○ **origin** [ɔ́ridʒin]

- ○ **introduction** [ìntrədʌ́kʃən]
- ○ **trust** [trʌst]

- ○ **credit** [krédit]
- ○ **disappoint** [dìsəpɔ́int]

- ○ **organize** [ɔ́:rgənàiz]
- ○ **capital** [kǽpitl]

- ○ **potential** [pouténʃəl]
- ○ **moral** [mɔ́(:)rəl]

- ○ **pleasant** [pléznt]
- ○ **confident** [kɑ́nfidənt]

- ○ **typical** [típikəl]
- ○ **solar** [sóulər]

- ○ **somehow** [sʌ́mhàu]
- ○ **element** [éləmənt]

- ○ **entertainment** [èntərtéinmənt]
- ○ **imagination** [imæ̀dʒənéiʃən]

v 주장하다, 논쟁하다
n 화석

n 멸종
n 기원, 출처

n 소개, 도입
v 믿다 n 신뢰

n 신용
v 실망시키다

v 조직하다, 정리하다
a 주요한 n 수도, 자본

a 잠재적인 n 가능성
a 도덕적인

a 기분 좋은, 쾌적한
a 자신감 있는

a 전형적인
a 태양의, 태양열의

ad 어떻게든
n 요소, 성분

n 오락, 엔터테인먼트
n 상상력

○ **failure** [féiljər]
○ **mine** [main]

○ **labor** [léibər]
○ **discipline** [dísəplin]

○ **regret** [rigrét]
○ **freeze** [fri:z]

○ **overcome** [òuvərkʌ́m]
○ **behave** [bihéiv]

○ **observe** [əbzə́:rv]
○ **participate** [pɑ:rtísəpèit]

◆ 곱셈 공식

① $a^2 + b^2 = (a+b)^2 - 2ab = (a-b)^2 + 2ab$

② $a^3 \pm b^3 = (a \pm b)^3 \mp 3ab(a \pm b)$

③ $a^2 + b^2 + c^2 = (a+b+c)^2 - 2(ab+bc+ca)$

④ $a^3 + b^3 + c^3 = (a+b+c)(a^2+b^2+c^2-ab-bc-ca) + 3abc$

⑤ $a^2 + b^2 + c^2 - ab - bc - ca = \dfrac{1}{2}\{(a-b)^2 + (b-c)^2 + (c-a)^2\}$

10

n 실패
n 나의 것, 광산

n 노동, 일
n 훈련, 규율

n 후회 v 후회하다
v 얼다, 동결하다

v 극복하다
v 행동하다, 처신하다

v 관찰하다
v 참여하다

최초 학습일	.	.

SELF-TEST RESULT

1st	2nd	3rd	4th	5th	6th
/30	/30	/30	/30	/30	/30

REVIEW CHECK

MIDDLE PAGE OF THE PREVIOUS	MIDDLE PAGE OF THIS VOLUME
10　30　45　○ ○ ○ ○ ○ ○	3　7　9　○ ○ ○ ○ ○ ○

- ○ **publish** [pʌbliʃ]
- ○ **connect** [kənékt]

- ○ **complain** [kəmpléin]
- ○ **remove** [rimúːv]

- ○ **current** [kə́ːrənt]
- ○ **worth** [wəːrθ]

- ○ **brief** [briːf]
- ○ **efficient** [ifíʃənt]

- ○ **mental** [méntl]
- ○ **incredible** [inkrédəbəl]

- ○ **approximately** [əpráksəmèitli]
- ○ **intelligence** [intélədʒəns]

- ○ **award** [əwɔ́ːrd]
- ○ **battle** [bǽtl]

- ○ **sort** [sɔːrt]
- ○ **feature** [fíːtʃər]

- ○ **lack** [æk]
- ○ **desire** [dizáiər]

- ○ **conflict** [kánflikt]
- ○ **regard** [rigάːrd]

---

v 출판하다
v 연결하다

v 불평하다
v 제거하다

a 현재의
a 가치가 있는

a 짧은
a 효율적인

a 정신의
a 믿을 수 없는

ad 대략
n 지능

n 상 v 수여하다
n 전투, 싸움

n 종류, 유형
n 특징, 특성

n 부족, 결핍 v 결핍하다
n 욕망, 열망 v 바라다

n 갈등 v 충돌하다
v 간주하다 n 존중

○ **insect** [ínsekt]
○ **automobile** [ɔ́:təməbì:l]

○ **region** [rí:dʒən]
○ **climate** [kláimit]

○ **protection** [prətékʃən]
○ **factor** [fǽktər]

○ **principle** [prínsəpəl]
○ **theory** [θí:əri]

○ **broadcast** [brɔ́:dkæ̀st]
○ **function** [fʌ́ŋkʃən]

◆ 항등식의 성질 (x 관해)

① $ax + b = 0 \quad \Leftrightarrow \quad a = b = 0$

② $ax + b = cx + d \quad \Leftrightarrow \quad a = c, \ b = d$

③ $ax^2 + bx + c = 0 \quad \Leftrightarrow \quad a = b = c = 0$

n 곤충
n 자동차

n 지역
n 기후

n 보호
n 요소, 요인

n 원칙, 원리
n 이론, 학설

v 방송하다 n 방송
n 기능, 함수 v 작동하다

최초 학습일	.	.

SELF-TEST RESULT

1st	2nd	3rd	4th	5th	6th
/30	/30	/30	/30	/30	/30

REVIEW CHECK

MIDDLE PAGE OF THE PREVIOUS	MIDDLE PAGE OF THIS VOLUME
11　31　46	4　8　10
○ ○ ○ ○ ○ ○	○ ○ ○ ○ ○ ○

- ○ **access** [ǽkses]
- ○ **alarm** [əlάːrm]

- ○ **struggle** [strʌ́gəl]
- ○ **prove** [pruːv]

- ○ **enable** [enéibəl]
- ○ **attract** [ətrǽkt]

- ○ **confuse** [kənfjúːz]
- ○ **compete** [kəmpíːt]

- ○ **contribute** [kəntríbjuːt]
- ○ **refuse** [rifjúːz]

- ○ **maintain** [meintéin]
- ○ **tend** [tend]

- ○ **rough** [rʌf]
- ○ **enormous** [inɔ́ːrməs]

- ○ **spot** [spɑt/spɔt]
- ○ **praise** [preiz]

- ○ **link** [liŋk]
- ○ **steal** [stiːl]

- ○ **impress** [imprés]
- ○ **bother** [bάðər/bɔ́ð-]

n 접근 v 접근하다
n 경고 v 경고하다

v 싸우다, 노력하다 n 투쟁
v 증명하다

v 가능하게 하다
v 끌어당기다

v 혼란스럽게 하다
v 경쟁하다

v 기여하다
v 거부하다

v 유지하다
v 경향이 있다, 돌보다

a 거친
a 거대한

n 점, 장소 v 발견하다, 지적하다
v 칭찬하다 n 칭찬

n 연결, 고리 v 연결하다
v 훔치다

v 감명을 주다
v 괴롭히다

○ **embarrass** [imbǽrəs]
○ **injure** [índʒər]

○ **surround** [səráund]
○ **identify** [aidéntəfài]

○ **insist** [insíst]
○ **characteristic** [kæ̀riktərístik]

○ **novel** [nάvəl]
○ **opposite** [άpəzit]

○ **shy** [ʃai]
○ **curious** [kjúəriəs]

◈ 다항식의 나눗셈 :

$f(x)$를 $g(x)$로 나누었을 때의 몫을 $Q(x)$ 나머지를 $R(x)$라 하면

$$f(x) = g(x)Q(x) + R(x)$$

(단, $R(x)$의 차수는 $g(x)$의 차수보다 낮다.)

v 당황하게 하다
v 다치게 하다

v 둘러싸다
v 확인하다, 식별하다

v 주장하다, 고집하다
n 특성 a 특징적인

n 소설 a 새로운
n 반대 a 반대의

a 수줍은
a 호기심이 많은

최초 학습일	.	.

SELF-TEST RESULT

1st	2nd	3rd	4th	5th	6th
/30	/30	/30	/30	/30	/30

REVIEW CHECK

MIDDLE PAGE OF THE PREVIOUS			MIDDLE PAGE OF THIS VOLUME		
12	32	47	5	9	11

- ○ **rude** [ru:d]
- ○ **accurate** [ǽkjərit]

- ○ **convenient** [kənví:njənt]
- ○ **nuclear** [njú:kliər]

- ○ **independent** [ìndipéndənt]
- ○ **frequent** [frí:kwənt]

- ○ **barely** [béərli]
- ○ **contrast** [kántræst]

- ○ **conduct** [kándʌkt]
- ○ **conduct** [kəndʌ́kt]

- ○ **stretch** [stretʃ]
- ○ **release** [rilí:s]

- ○ **rescue** [réskju:]
- ○ **bury** [béri]

- ○ **addict** [ədíkt]
- ○ **addict** [ǽdikt]

- ○ **soul** [soul]
- ○ **personality** [pə̀:rsənǽləti]

- ○ **fiction** [fíkʃən]
- ○ **passage** [pǽsidʒ]

a 무례한
a 정확한

a 편리한
a 핵의, 원자력의

a 독립적인
a 자주 일어나는, 빈번한

ad 간신히, 겨우
n 대조 v 대조하다

n 행위, 행동
v 수행하다, 이끌다

v 늘이다, 스트레칭하다
v 풀어주다, 해방하다

v 구하다 n 구조
v 묻다, 매장하다

v 몰두시키다
n 중독자

n 영혼, 정신
n 개성, 성격

n 허구, 소설
n 통로, 구절

- ○ **strike** [straik]
- ○ **flat** [flæt]

- ○ **somewhat** [sʌ́mhwὰt]
- ○ **constant** [kάnstənt]

- ○ **realistic** [rì:əlístik]
- ○ **virtual** [və́:rtʃuəl]

- ○ **ethical** [éθikəl]
- ○ **author** [ɔ́:θər]

- ○ **client** [kláiənt]
- ○ **victim** [víktim]

◆ **나머지정리** :

$f(x)$를 $x - \alpha$로 나누었을 때의 나머지는
$R = f(\alpha)$ 이다.

◆ **인수정리** :

$f(x)$가 $x - \alpha$로 나누어떨어지기 위한

필요충분조건은 $f(\alpha) = 0$ 이다.

13

v 치다, 타격하다 n 파업
a 평평한, 단조로운

ad 다소, 어느 정도
a 끊임없는, 일정한

a 현실적인
a 가상의

a 윤리적인
n 저자

n 고객
n 희생자

최초 학습일

SELF-TEST RESULT

1st	2nd	3rd	4th	5th	6th
/30	/30	/30	/30	/30	/30

REVIEW CHECK

MIDDLE PAGE OF THE PREVIOUS	MIDDLE PAGE OF THIS VOLUME
13　33　48	6　10　12

- ○ **disaster** [dizǽstər]
- ○ **muscle** [mʌ́səl]

- ○ **instrument** [ínstrəmənt]
- ○ **sculpture** [skʌ́lptʃər]

- ○ **impact** [ímpækt]
- ○ **popularity** [pàpjəlǽrəti]

- ○ **mystery** [místəri]
- ○ **wound** [wu:nd]

- ○ **survey** [sə:rvéi]
- ○ **mankind** [mænkáind]

- ○ **ancestor** [ǽnsestər]
- ○ **tongue** [tʌŋ]

- ○ **vocabulary** [voukǽbjulèri]
- ○ **section** [sékʃən]

- ○ **mission** [míʃən]
- ○ **weapon** [wépən]

- ○ **row** [rou]
- ○ **celebrate** [séləbrèit]

- ○ **stare** [stɛər]
- ○ **intend** [inténd]

n 재난
n 근육

n 도구, 악기
n 조각

n 영향, 충격
n 인기

n 신비, 미스터리
n 상처

n 조사 v 설문조사, 조사하다
n 인류, 인간

n 조상, 선조
n 혀, 언어

n 어휘, 단어 목록
n 부분, 구역

n 임무, 사명
n 무기

n 줄, 열
v 축하하다, 기념하다

v 응시하다, 빤히 쳐다보다
v 의도하다, 계획하다

○ **persuade** [pə:rswéid]
○ **convince** [kənvíns]

○ **recommend** [rèkəménd]
○ **disagree** [dìsəgrí:]

○ **promote** [prəmóut]
○ **explore** [iksplɔ́:r]

○ **consume** [kənsú:m]
○ **spiritual** [spíritʃuəl]

○ **military** [mílitèri]
○ **helpless** [hélplis]

◈ **삼차식 이상의 식의 인수분해**
① 식을 적당히 조합하여 쉬운 형태로 유도한다.
② 인수를 찾는 방법은 아래 중에서 찾는다.

$$\pm(\text{상수항의 약수}), \ \pm\left(\frac{\text{상수항의 약수}}{\text{최고차항 계수의약수}}\right)$$

◈ **복이차식 인수분해**
① $x^2 = X$치환하여서 풀이한다.
② $A^2 - B^2$꼴로 변형한다.

v 설득하다
v 납득시키다, 확신시키다

v 추천하다
v 동의하지 않다

v 촉진하다, 승진시키다
v 탐험하다, 조사하다

v 소비하다, 섭취하다
a 영적인, 정신적인

a 군의, 군사적인 n 군대
a 무기력한, 도움이 필요한

최초 학습일	.	.

SELF-TEST RESULT

1st	2nd	3rd	4th	5th	6th
/30	/30	/30	/30	/30	/30

REVIEW CHECK

MIDDLE PAGE OF THE PREVIOUS			MIDDLE PAGE OF THIS VOLUME		
14	34	49	7	11	13

- ○ **artistic** [ɑ:rtístik]
- ○ **tropical** [trɑ́pikəl]

- ○ **significant** [signífikənt]
- ○ **furthermore** [fə́:rðərmɔ̀:r]

- ○ **industrial** [indʌ́striəl]
- ○ **indicate** [índikèit]

- ○ **locate** [lóukeit]
- ○ **endanger** [endéindʒər]

- ○ **narrow** [nǽrou]
- ○ **lean** [li:n]

- ○ **tough** [tʌf]
- ○ **vehicle** [ví:hikəl]

- ○ **atmosphere** [ǽtməsfiər]
- ○ **basis** [béisis]

- ○ **edge** [edʒ]
- ○ **therapy** [θérəpi]

- ○ **charity** [tʃǽrəti]
- ○ **insurance** [inʃúərəns]

- ○ **decade** [dékeid]
- ○ **delight** [diláit]

a 예술적인
a 열대의

a 중요한, 의미 있는
ad 게다가, 또한

a 산업의
v 나타내다, 지시하다

v ~에 위치시키다, 발견하다
v 위험에 처하게 하다

a 좁은
v 기대다, 기울다

a 강한, 힘든
n 차량, 수단

n 대기, 분위기
n 기초, 근거

n 가장자리
n 치료, 요법

n 자선, 자선 단체
n 보험

n 10년
n 기쁨 v 기쁘게 하다

15

○ **charge** [tʃɑːrdʒ]
○ **debate** [dibéit]

○ **comment** [kɔ́ment]
○ **defeat** [difíːt]

○ **aid** [eid]
○ **transfer** [trænsfə́ːr]

○ **frighten** [fráitn]
○ **obtain** [əbtéin]

○ **extend** [iksténd]
○ **rely** [rilái]

◆ **자연수**

$N = p^\alpha q^\beta r^\gamma$ ($p,\ q,\ r$는 서로 다른 소인수)에 대하여

① 약수의 개수 :
　$(\alpha+1)(\beta+1)(\gamma+1)$

② 약수의 총합 :

$(1+p+p^2+\cdots+p^\alpha)(1+q+q^2+\cdots+q^\beta)(1+r+r^2+\cdots+r^\gamma)$

15

n 요금 v 청구하다, 충전하다
n 토론 v 토론하다

n 의견 v 의견을 말하다
n 패배 v 패배시키다

n 도움 v 돕다
v 전송하다

v 무섭게 하다
v 얻다, 획득하다

v 확장하다, 연장하다
v 의존하다

최초 학습일	. .

SELF-TEST RESULT

1st	2nd	3rd	4th	5th	6th
/30	/30	/30	/30	/30	/30

REVIEW CHECK

MIDDLE PAGE OF THE PREVIOUS			MIDDLE PAGE OF THIS VOLUME		
15	35	50	8	12	14
○ ○ ○ ○ ○ ○			○ ○ ○ ○ ○ ○		

- ○ **hire** [haiər]
- ○ **announce** [ənáuns]

- ○ **represent** [rèprizént]
- ○ **analyze** [ǽnəlàiz]

- ○ **suitable** [súːtəbəl]
- ○ **critical** [krítikəl]

- ○ **indifferent** [indífərənt]
- ○ **unexpected** [ʌnikspéktid]

- ○ **practical** [prǽktikəl]
- ○ **precious** [préʃəs]

- ○ **astronaut** [ǽstrənɔ̀ːt]
- ○ **genius** [dʒíːnjəs]

- ○ **prison** [prízn]
- ○ **generate** [dʒénərèit]

- ○ **substance** [sʌ́bstəns]
- ○ **series** [síəriːz]

- ○ **appointment** [əpɔ́intmənt]
- ○ **track** [træk]

- ○ **code** [fiːd]
- ○ **lecture** [léktʃər]

v 고용하다
v 발표하다

v 대표하다, 나타내다
v 분석하다

a 적합한, 알맞은
a 비판적인, 중요한

a 무관심한, 냉담한
a 예상치 못한

a 실용적인
a 소중한

n 우주 비행사
n 천재

n 감옥
v 발생시키다, 일으키다

n 물질, 본질
n 연속, 시리즈

n 약속, 임명
n 경로 v 추적하다

n 코드 v 암호화하다
n 강의 v 강의하다

- ○ **harm** [hɑːrm]
- ○ **reward** [riwɔ́ːrd]

- ○ **prejudice** [prédʒədis]
- ○ **vote** [vout]

- ○ **fascinate** [fǽsənèit]
- ○ **frustrate** [frʌ́streit]

- ○ **deliver** [dilívər]
- ○ **vary** [vɛ́əri]

- ○ **expose** [ikspóuz]
- ○ **react** [riːǽkt]

◆ 유리식의 계산

$$① \quad \frac{B}{A} \pm \frac{C}{A} = \frac{B \pm C}{A}, \quad \frac{B}{A} \times \frac{D}{C} = \frac{BD}{AC}$$

$$② \quad \frac{B}{A} \div \frac{D}{C} = \frac{\dfrac{B}{A}}{\dfrac{D}{C}} = \frac{BC}{AD}$$

n 해악 v 해를 끼치다
n 보상 v 보상하다

n 편견
n 투표 v 투표하다

v 매혹시키다
v 좌절시키다

v 배달하다, 전달하다
v 다양하다, 변화하다

v 노출시키다, 드러내다
v 반응하다

최초 학습일   .   .

SELF-TEST RESULT

1st	2nd	3rd	4th	5th	6th
/30	/30	/30	/30	/30	/30

REVIEW CHECK

MIDDLE PAGE OF THE PREVIOUS	MIDDLE PAGE OF THIS VOLUME
16　　36　○ ○ ○ ○ ○ ○	1　9　13　15　○ ○ ○ ○ ○ ○

- ⭕ **recover** [rikʌ́vər]
- ⭕ **heal** [hi:l]

- ⭕ **memorize** [méməràiz]
- ⭕ **firm** [fə:rm]

- ⭕ **boundary** [báundəri]
- ⭕ **chief** [tʃi:f]

- ⭕ **plain** [plein]
- ⭕ **vast** [væst]

- ⭕ **terrific** [tərífik]
- ⭕ **appropriate** [əpróuprièit]

- ⭕ **dependent** [dipéndənt]
- ⭕ **identity** [aidéntəti]

- ⭕ **literature** [lítərətʃər]
- ⭕ **physics** [fíziks]

- ⭕ **motion** [móuʃən]
- ⭕ **laboratory** [læbərətɔ̀:ri]

- ⭕ **conclusion** [kənklú:ʒən]
- ⭕ **commerce** [kɑ́mərs]

- ⭕ **phrase** [freiz]
- ⭕ **excitement** [iksáitmənt]

v 회복하다
v 치유하다, 회복하다

v 기억하다, 암기하다
a 단단한 n 회사

n 경계
a 주요한 n 우두머리

a 명백한, 간소한 n 평원
a 광대한, 방대한

a 훌륭한, 멋진
a 적절한

a 의존적인
n 정체성

n 문학
n 물리학

n 운동, 동작
n 실험실, 연구소

n 결론
n 상업

n 구, 어구
n 흥분

○ **miracle** [mírəkəl]
○ **threat** [θret]

○ **harvest** [hάːrvist]
○ **review** [rivjúː]

○ **claim** [kleim]
○ **grab** [græb]

○ **puzzle** [pʌzl]
○ **blame** [lóuər]

○ **relieve** [rilíːv]
○ **arrange** [əréindʒ]

◆ 부분분수

$$\frac{1}{AB} = \frac{1}{B-A}\left(\frac{1}{A} - \frac{1}{B}\right)$$

17

n 기적
n 위협

n 수확 v 수확하다
n: 검토, 논평 v: 검토하다, 논평하다

n 주장, 청구 v 주장하다, 청구하다
v 잡다, 쥐다

n 퍼즐 v 혼란시키다
n 비난 v 비난하다

v 완화하시키다
v 정리하다, 배열하다

최초 학습일	.	.

SELF-TEST RESULT

1st	2nd	3rd	4th	5th	6th
/30	/30	/30	/30	/30	/30

REVIEW CHECK

MIDDLE PAGE OF THE PREVIOUS	MIDDLE PAGE OF THIS VOLUME
17 37	2 10 14 16
○ ○ ○ ○ ○ ○	○ ○ ○ ○ ○

- ○ **adapt** [ədǽpt]
- ○ **combine** [kəmbáin]

- ○ **disturb** [distə́:rb]
- ○ **reveal** [riví:l]

- ○ **nominate** [míərli]
- ○ **ideal** [aidí:əl]

- ○ **contrary** [trədíʃən]
- ○ **smooth** [smu:ð]

- ○ **exact** [igzǽkt]
- ○ **rare** [rɛər]

- ○ **useless** [jú:slis]
- ○ **likewise** [láikwàiz]

- ○ **leisure** [lí:ʒər, léʒ-]
- ○ **privacy** [práivəsi]

- ○ **meaning** [mí:niŋ]
- ○ **expertise** [èkspərtí:z]

- ○ **duty** [djú:ti]
- ○ **poverty** [pávərti]

- ○ **reduction** [ridʌ́kʃən]
- ○ **policy** [páləsi]

v 적응하다, 조정하다
v 결합하다

v 방해하다
v 드러내다, 밝히다

v 지명하다
a 이상적인 n 이상

a 반대되는 n 정반대
a 매끄러운

a 정확한
a 드문, 희귀한

a 쓸모없는
ad 마찬가지로

n 여가, 자유 시간
n 사적자유, 사생활

n 의미
n 전문 지식

n 의무
n 가난, 빈곤

n 감소
n 정책

○ **improvement** [imprú:vmənt]
○ **expectation** [èkspektéiʃən]

○ **fantasy** [fǽntəzi]
○ **destruction** [distrʌ́kʃən]

○ **comfort** [kəmpéər]
○ **reasonable** [rí:zənəbəl]

○ **legal** [lí:gəl]
○ **tremendous** [triméndəs]

○ **depressed** [diprést]
○ **high-tech** [háitek]

◈ 비례식

$$a : b = c : d \Leftrightarrow \frac{a}{b} = \frac{c}{d} \Leftrightarrow ad = bc$$

n 개선, 향상
n 기대, 예상

n 환상, 공상
n 파괴

n 편안함 v 위로하다
a 합리적인

a 법적인
a 엄청난, 굉장한

a 우울한
a 첨단 기술의

| 최초 학습일 | . | . |

SELF-TEST RESULT

1st	2nd	3rd	4th	5th	6th
/30	/30	/30	/30	/30	/30

REVIEW CHECK

MIDDLE PAGE OF THE PREVIOUS	MIDDLE PAGE OF THIS VOLUME
18 38	3 11 15 17
○ ○ ○ ○ ○ ○	○ ○ ○ ○ ○ ○

- ○ **accordingly** [əkɔ́:rdiŋli]
- ○ **similarity** [sìmələǽrəti]

- ○ **belongings** [bilɔ́(:)ŋiŋz]
- ○ **scholar** [skálər]

- ○ **destination** [dèstənéiʃən]
- ○ **aptitude** [ǽptitù:d]

- ○ **status** [stéitəs]
- ○ **noticeable** [nóutisəbəl]

- ○ **means** [mi:nz]
- ○ **religion** [rilídʒən]

- ○ **column** [káləm]
- ○ **carbon dioxide** [ká:rbən daiáksaid]

- ○ **shelter** [ʃéltər]
- ○ **profit** [práfit]

- ○ **poison** [pɔ́izən]
- ○ **anger** [ǽŋgər]

- ○ **thrill** [θril]
- ○ **crash** [kræʃ]

- ○ **involvement** [inválvmənt]
- ○ **rent** [rent]

ad 따라서, 그에 맞게
n 유사성

n 소유물
n 학자

n 목적지
n 적성, 소질

n 지위, 상태
a 주목할 만한, 눈에 띄는

n 수단, 방법
n 종교

n 기둥, 열, 칼럼
n 이산화탄소

n 피난처 v 보호하다
n 이익

n 독 v 독살하다
n 분노 v 화나게 하다

n 스릴 v 짜릿하게 하다
n 충돌 v 충돌하다

n 관여, 연루
n 임대료 v 임대하다

- ○ **appeal** [əpíːl]
- ○ **bend** [bend]

- ○ **annoy** [ənɔ́i]
- ○ **invade** [invéid]

- ○ **wander** [wɑ́ndər]
- ○ **insure** [inʃúər]

- ○ **apologize** [əpɑ́lədʒàiz]
- ○ **comparison** [kəmpǽrisən]

- ○ **civil** [sívəl]
- ○ **distant** [dístənt]

◆ 제곱의 성질

◆ $\sqrt{a^2} = |a| = \begin{cases} a & (a \geq 0) \\ -a & (a < 0) \end{cases}$

◆ $\sqrt[n]{a^n} = \begin{cases} |a| & (n : 짝수) \\ a & (n : 홀수) \end{cases}$

◆ $\sqrt{a}\,\sqrt{b} = \sqrt{ab}, \quad \dfrac{\sqrt{a}}{\sqrt{b}} = \sqrt{\dfrac{a}{b}}$

단, $\begin{cases} a < 0, \ b < 0 \ 일 \ 때, \ \sqrt{a}\,\sqrt{b} = -\sqrt{ab} \\ a > 0, \ b < 0 \ 일 \ 때, \ \dfrac{\sqrt{a}}{\sqrt{b}} = -\sqrt{\dfrac{a}{b}} \end{cases}$

n 호소 v 호소하다
v 구부리다, 숙이다

v 괴롭히다, 귀찮게하다
v 침입하다, 침범하다

v 방황하다, 돌아다니다
v 보험에 가입하다, 보장하다

v 사과하다
n 비교

a 시민의, 공적인
a 먼

최초 학습일	.	.

SELF-TEST RESULT

1st	2nd	3rd	4th	5th	6th
/30	/30	/30	/30	/30	/30

REVIEW CHECK

MIDDLE PAGE OF THE PREVIOUS	MIDDLE PAGE OF THIS VOLUME
19 39	4 12 16 18
○ ○ ○ ○ ○ ○	○ ○ ○ ○ ○ ○

- **steady** [stédi]
- **vital** [váitl]

- **universal** [jùːnəvə́ːrsəl]
- **artificial** [àːrtəfíʃəl]

- **seemingly** [síːmiŋli]
- **massive** [mǽsiv]

- **freshman** [fréʃmən]
- **facility** [fəsíləti]

- **peninsula** [pinínsələ]
- **oxygen** [άksidʒən]

- **layer** [léiər]
- **explosion** [iksplóuʒən]

- **pace** [peis]
- **incident** [ínsədənt]

- **photography** [fətάgrəfi]
- **make-up** [máke-ùp]

- **bomb** [bɑm]
- **guard** [gɑːrd]

- **dust** [dʌst]
- **sacrifice** [sǽkrəfàis]

a 안정된, 꾸준한
a 필수적인, 생명 유지에 중요한

a 보편적인, 전 세계적인
a 인공의, 인위적인

ad 겉보기에는, 외관상
a 거대한

n 신입생
n 시설, 편의

n 반도
n 산소

n 층
n 폭발

n 속도 v 걷다
n 사건, 사고

n 사진술, 사진 촬영
n 화장, 구성

n 폭탄 v 폭파하다
n 경비 v 보호하다

n 먼지 v 먼지를 털다
n 희생 v 희생하다

20

- **purchase** [pə́ːrtʃəs]
- **construct** [kənstrʌ́kt]

- **delay** [diléi]
- **operate** [ɑ́pərèit]

- **motivate** [móutəvèit]
- **quality** [kwɑ́ləti]

- **include** [inklúːd]
- **awake** [əwéik]

- **secure** [sikjúər]
- **representative** [rèprizéntətiv]

◆ 무리수

$a,\ b,\ c,\ d$가 유리수,
$\sqrt{m}$, $\sqrt{n}$ 이 무리수일 때,

① $a + b\sqrt{m} = 0 \iff a = b = 0$

② $a + b\sqrt{m} = c + d\sqrt{m} \iff a = c,\ b = d$

③ $a + \sqrt{m} = b + \sqrt{n} \iff a = b,\ m = n$

n 구매 v 구매하다
v 건설하다, 구성하다

n 지연 v 지연시키다
v 작동하다, 운영하다, 수술하다

v 동기를 부여하다
n 질, 품질

v 포함하다
v 깨우다 a 깨어 있는

v 안전하게 하다 a 안전한
n 대표 a 대표하는

최초 학습일	. .

SELF-TEST RESULT

1st	2nd	3rd	4th	5th	6th
/30	/30	/30	/30	/30	/30

REVIEW CHECK

MIDDLE PAGE OF THE PREVIOUS	MIDDLE PAGE OF THIS VOLUME
20　40　○ ○ ○ ○ ○ ○	5　13　17　19　○ ○ ○ ○ ○ ○

- **marine** [mərí:n]
- **tribe** [traib]

- **breeze** [bri:z]
- **scenery** [sí:nəri]

- **wetland** [wetlænd]
- **honesty** [ɑ́nisti]

- **thrift** [θrift]
- **temper** [témpər]

- **signature** [sígnətʃər]
- **transaction** [trænsǽkʃən]

- **extreme** [ikstrí:m]
- **remote** [rimóut]

- **ultimate** [ʌ́ltəmit]
- **expressive** [iksprésiv]

- **replacement** [ripléismənt]
- **overnight** [óuvərnàit]

- **conductor** [kəndʌ́ktər]
- **wildlife** [waildlaif]

- **interact** [intə́:rækt]
- **devote** [divóut]

a 해양의 n 해병대원
n 부족

n 미풍, 산들바람
n 경치

n 습지
n 정직

n 절약
n 기질, 성질

n 서명
n 거래

a 극단적인 n 극단
a 먼, 외진

a 궁극적인, 최종의
a 표현력이 풍부한

n 교체, 대체
ad 하룻밤 동안 a 하룻밤의

n 지휘자, 전도체
n 야생 동물

v 상호작용하다
v 헌신하다, 바치다

- ○ **evil** [íːvəl]
- ○ **alternative** [ɔːltéːrnətiv]

- ○ **broad** [brɔːd]
- ○ **cruel** [krúːəl]

- ○ **primary** [práimèri]
- ○ **usual** [júːʒuəl]

- ○ **undoubtedly** [ʌndáutidli]
- ○ **duration** [djuəréiʃən]

- ○ **additional** [ədíʃənəl]
- ○ **baggage** [bǽgidʒ]

◆ 분모의 유리화

① $\dfrac{a}{\sqrt{b}} = \dfrac{a\sqrt{b}}{b}$

② $\dfrac{c}{\sqrt{a} \pm \sqrt{b}} = \dfrac{c(\sqrt{a} \mp \sqrt{b})}{a - b}$

a 악의, 사악한 n 악
a 대체의 n 대안

a 넓은, 폭넓은
a 잔인한, 무자비한

a 주요한, 기본적인
a 일반적인, 보통의

ad 의심할 여지 없이
n 지속 시간

a 추가적인
n 수하물, 짐

최초 학습일	.	.

SELF-TEST RESULT

1st	2nd	3rd	4th	5th	6th
/30	/30	/30	/30	/30	/30

REVIEW CHECK

MIDDLE PAGE OF THE PREVIOUS	MIDDLE PAGE OF THIS VOLUME
21 41	6 14 18 20

- **aisle** [ail]
- **barn** [bɑːrn]

- **basement** [béismənt]
- **palm** [pɑːm]

- **horn** [hɔːrn]
- **arrow** [ǽrou]

- **device** [diváis]
- **mixture** [míkstʃər]

- **habitat** [hǽbətæ̀t]
- **agriculture** [ǽgrikʌ̀ltʃər]

- **civilization** [sìvəlizéiʃən]
- **gravity** [grǽvəti]

- **quantity** [kwántəti]
- **tension** [ténʃən]

- **sink** [siŋk]
- **swallow** [swálou]

- **survival** [sərváivəl]
- **trail** [spred]

- **differ** [fiːd]
- **owe** [ou]

n 통로, 복도
n 헛간

n 지하실
n 손바닥, 야자수

n 뿔, 경적
n 화살

n 장치, 기기
n 혼합물

n 서식지
n 농업

n 문명
n 중력

n 양, 수량
n 긴장, 압력

v 가라앉다 n 개수대
v 삼키다 n 제비

n 생존
n 자취, 흔적 v 뒤따르다

v 다르다
v 빚지다

22

- **defend** [difénd]
- **obey** [oubéi]

- **examine** [igzǽmin]
- **expand** [ikspǽnd]

- **transform** [trænsfɔ́:rm]
- **commit** [kəmít]

- **rapid** [rǽpid]
- **rural** [rúərəl]

- **anxious** [ǽŋkʃəs]
- **thoughtful** [θɔ́:tfəl]

◈ 등식의 성질 :

$a = b$이면

① $a \times c = b \times c$　　　② $\dfrac{a}{c} = \dfrac{b}{c} (c \neq 0)$

v 방어하다
v 순종하다, 복종하다

v 조사하다, 시험하다
v 확장하다, 늘리다

v 변형시키다
v 저지르다, 헌신하다

a 빠른, 신속한
a 시골의, 농촌의

a 걱정하는, 불안한, 열망하는
a 사려 깊은, 배려하는

최초 학습일	. .

SELF-TEST RESULT

1st	2nd	3rd	4th	5th	6th
/30	/30	/30	/30	/30	/30

REVIEW CHECK

MIDDLE PAGE OF THE PREVIOUS	MIDDLE PAGE OF THIS VOLUME
22　　42	7　　15　　19　　21
○ ○ ○ ○ ○ ○	○ ○ ○ ○ ○ ○

- **tragic** [trǽdʒik]
- **pole** [poul]

- **raft** [ræft]
- **fare** [fɛər]

- **anxiety** [æŋzáiəti]
- **authority** [əθɔ́:riti]

- **judgment** [dʒʌ́dʒmənt]
- **satisfaction** [sæ̀tisfǽkʃən]

- **statement** [stéitmənt]
- **evidence** [évidəns]

- **seal** [síːl]
- **sum** [sʌm]

- **panic** [pǽnik]
- **suicide** [súːəsàid]

- **exhibit** [igzíbit]
- **activity** [æktívəti]

- **grant** [grænt]
- **collapse** [kəlǽps]

- **guarantee** [gæ̀rəntíː]
- **crawl** [krɔːl]

a 비극적인
n 기둥, 막대기, 극

---

n 뗏목
n 요금, 운임

---

n 불안, 걱정
n 권위, 당국

---

n 판단, 판결
n 만족

---

n 진술, 성명
n 증거

---

n 바다표범, 봉인 v 봉인하다
n 합계, 총액

---

n 공황 v 공황 상태에 빠지다
n 자살 v 자살하다

---

n 전시 v 전시하다
n 활동

---

n 수여, 보조금 v 수여하다
v 무너지다 n 붕괴

---

n 보증 v 보증하다
v 기어가다

- ○ **sprain** [sprein]
- ○ **hasten** [héisn]

- ○ **bind** [baind]
- ○ **certify** [sə́:rtəfài]

- ○ **ripe** [raip]
- ○ **favorable** [féivərəbəl]

- ○ **resentful** [rizéntfəl]
- ○ **probable** [prάbəbəl]

- ○ **athletic** [æθlétik]
- ○ **considerable** [kənsídərəbəl]

◆ **일차방정식 $ax + b = 0$의 풀이**

① $a \neq 0$일 때, $x = \dfrac{b}{a}$ (오직 하나의 근)

② $a = 0$일 때,

$$\begin{cases} b=0 \text{이면 해는 무수히 많다.(부정)} \\ b \neq 0 \text{이면 해는 없다.(불능)} \end{cases}$$

v (발목·손목 따위를) 삐다
v 서두르다, 재촉하다

v 묶다, 결속하다
v 증명하다, 보증하다

a 익은, 성숙한
a 유리한, 호의적인

a 분개한, 원망하는
a 가능성이 있는, 개연성이 있는

a 운동의, 체육의
a 상당한

최초 학습일	.	.

SELF-TEST RESULT

1st	2nd	3rd	4th	5th	6th
/30	/30	/30	/30	/30	/30

REVIEW CHECK

MIDDLE PAGE OF THE PREVIOUS	MIDDLE PAGE OF THIS VOLUME
23 43	8 16 20 22
○ ○ ○ ○ ○ ○	○ ○ ○ ○ ○ ○

- ☐ **absorb** [æbsɔ́:rb]
- ☐ **propose** [prəpóuz]

- ☐ **direction** [dirékʃən]
- ☐ **emission** [imíʃən]

- ☐ **biology** [baiɑ́lədʒi]
- ☐ **semester** [siméstər]

- ☐ **income** [ínkʌm]
- ☐ **shame** [ʃeim]

- ☐ **famine** [fǽmin]
- ☐ **bar** [bɑ:r]

- ☐ **remark** [rimɑ́:rk]
- ☐ **ease** [i:z]

- ☐ **shoot** [ʃu:t]
- ☐ **transport** [trænspɔ́:rt]

- ☐ **estimate** [éstəmèit]
- ☐ **lay** [lei]

- ☐ **yell** [jel]
- ☐ **liar** [láiər]

- ☐ **economist** [ikɑ́nəmist]
- ☐ **organization** [ɔ̀:rgənəzéiʃən]

v 흡수하다
v 제안하다

a 방향, 지시
n 방출, 배출

n 생물학
n 학기

n 수입
n 수치 v 수치스럽게 하다

n 기근
n 바, 막대기 v 금지하다

n 발언 v 언급하다
n 편안함 v 완화하다

v 쏘다, 촬영하다
v 운송하다

v 추정하다 n 추정
v 놓다, 두다

v 소리치다 n 외침
n 거짓말쟁이

n 경제학자
n 조직

- ○ **chew** [tʃuː]
- ○ **pour** [pɔːr]

- ○ **admire** [ædmáiər]
- ○ **concentrate** [kάnsəntrèit]

- ○ **settle** [sétl]
- ○ **translate** [trænsléit]

- ○ **fellow** [félou]
- ○ **instant** [ínstənt]

- ○ **generous** [dʒénərəs]
- ○ **wealthy** [wélθi]

절대값과 방정식

◆ $|A| = \begin{cases} A & (a \geq 0) \\ -A & (a < 0) \end{cases}$

◆ $|ax+b| = 0$의 풀이는
절대값 안이 0이 되는 곳에서
구간(즉, $ax+b \geq 0, \ ax+b < 0$)을
나누어 푼다.

◆ 절대값 안이 0이 되는 값이 n개이면 구간을
$n+1$개로 나누어 푼다.

◆ $|f(x)| = |g(x)| \ \Leftrightarrow \ f(x) = \pm g(x)$

24

v 씹다
v 붓다

v 감탄하다, 존경하다
v 집중하다

v 정착하다, 해결하다
v 번역하다

n 동료, 친구
a 즉각적인 n 순간

a 관대한
a 부유한

최초 학습일	.	.

SELF-TEST RESULT

1st	2nd	3rd	4th	5th	6th
/30	/30	/30	/30	/30	/30

REVIEW CHECK

MIDDLE PAGE OF THE PREVIOUS	MIDDLE PAGE OF THIS VOLUME
24 44	9 17 21 23
○ ○ ○ ○ ○ ○	○ ○ ○ ○ ○ ○

○ **visual** [víʒuəl]
○ **previous** [prí:viəs]

○ **awful** [ɔ́:fəl]
○ **abruptly** [əbrʌ́ptli]

○ **shortage** [ʃɔ́:rtidʒ]
○ **intention** [inténʃən]

○ **violence** [váiələns]
○ **string** [striŋ]

○ **border** [bɔ́:rdər]
○ **dump** [dʌmp]

○ **encounter** [enkáuntər]
○ **neglect** [niglékt]

○ **sweep** [swi:p]
○ **submit** [səbmít]

○ **donate** [dóuneit]
○ **risky** [ríski]

○ **define** [difáin]
○ **regional** [rí:dʒənəl]

○ **interrupt** [ìntərʌ́pt]
○ **pursue** [pərsú:]

a 시각의, 시각적인
a 이전의

a 끔찍한, 형편없는
ad 갑자기

n 부족, 결핍
n 의도, 계획

n 폭력
n 끈, 실 v 묶다

n 경계, 국경 v 인접하다
v 버리다 n 쓰레기장

v 마주치다, 만나다 n 만남
v 무시하다, 소홀히 하다 n 방치

v 쓸다 n 휩쓸기
v 제출하다, 복종하다

v 기부하다
a 위험한

v 정의하다
a 지역의

v 방해하다, 중단하다
v 추구하다, 쫓다

○ **evolve** [ivάlv]
○ **relative** [rélətiv]

○ **permanent** [pə́:rmənənt]
○ **precise** [prisáis]

○ **brilliant** [bríljənt]
○ **luxurious** [lʌgʒúəriəs]

○ **organic** [ɔːrgǽnik]
○ **royal** [rɔ́iəl]

○ **aloud** [əláud]
○ **variety** [vəráiəti]

◈ **이차방정식 풀이** $(a \neq 0)$

① $a(x + \alpha)(x + \beta) = 0 \iff x = \alpha,\ x = \beta$

②

$$ax^2 + bx + c = 0 \iff x = \frac{-b \pm \sqrt{b^2 - 4ac}}{2a}$$

25

v 진화하다, 발전하다
n 친척 a 상대적인

a 영구적인
a 정확한

a 훌륭한, 빛나는
a 사치스러운, 호화로운

a 유기농의, 유기체의
a 왕의, 왕족의

ad 소리 내어, 큰 소리로
n 다양성

최초 학습일	. .

SELF-TEST RESULT

1st	2nd	3rd	4th	5th	6th
/30	/30	/30	/30	/30	/30

REVIEW CHECK

MIDDLE PAGE OF THE PREVIOUS	MIDDLE PAGE OF THIS VOLUME
25 45	10 18 22 24
○ ○ ○ ○ ○ ○	○ ○ ○ ○ ○ ○

- ○ **horizontal** [hɔ̀:rəzɑ́ntl]
- ○ **ambassador** [æmbǽsədər]

- ○ **dirt** [də:rt]
- ○ **property** [prɑ́pərti]

- ○ **statistics** [stətístiks]
- ○ **category** [kǽtəgɔ̀:ri]

- ○ **circumstance** [sə́:rkəmstæ̀ns]
- ○ **argument** [ɑ́:rgjəmənt]

- ○ **equality** [i(:)kwɑ́ləti]
- ○ **election** [ilékʃən]

- ○ **conference** [kɑ́nfərəns]
- ○ **command** [kəmǽnd]

- ○ **deposit** [dipɑ́zit]
- ○ **cycle** [sáikl]

- ○ **chase** [tʃeis]
- ○ **ruin** [rú:in]

- ○ **forgive** [fərgív]
- ○ **possess** [pəzés]

- ○ **conserve** [kənsə́:rv]
- ○ **inform** [infɔ́:rm]

a 수평의
n 대사, 특사

n 흙, 먼지
n 재산, 소유물

n 통계(학)
n 범주, 분류

n 상황, 환경
n 논쟁

n 평등, 대등
n 선거

n 회의, 컨퍼런스
v 명령하다 n 명령

n 보증금, 예금 v 놓다, 예치하다
n 주기, 순환 v 자전거를 타다

v 추적하다 n 추적
v 파괴하다, 망치다 n 파산

v 용서하다
v 소유하다

v 보존하다, 보호하다
v 알리다, 통지하다

- ○ **emphasize** [émfəsàiz]
- ○ **performance** [pərfɔ́:rməns]

- ○ **adopt** [ədɑ́pt]
- ○ **employ** [emplɔ́i]

- ○ **passionate** [pǽʃənit]
- ○ **recognition** [rèkəgníʃən]

- ○ **sufficient** [səfíʃənt]
- ○ **strict** [strikt]

- ○ **festive** [féstiv]
- ○ **dramatic** [drəmǽtik]

◆ 이차방정식 $ax^2 + bx + c = 0$의 판별식을
$D = b^2 - 4ac$라 할 때

① $D > 0 \Leftrightarrow$ 서로다른 두 실근을 갖는다.
② $D = 0 \Leftrightarrow$ 중근을 갖는다.
③ $D < 0 \Leftrightarrow$ 서로 다른 두 허근을 갖는다.

26

v 강조하다
v 수행, 공연, 성과

v 입양하다, 채택하다
v 고용하다

a 열정적인
n 인식, 인정

a 충분한
a 엄격한

a 축제의, 명절의
a 극적인

최초 학습일	. .

SELF-TEST RESULT

1st	2nd	3rd	4th	5th	6th
/30	/30	/30	/30	/30	/30

REVIEW CHECK

MIDDLE PAGE OF THE PREVIOUS	MIDDLE PAGE OF THIS VOLUME
26 46 ○ ○ ○ ○ ○ ○	11 19 23 25 ○ ○ ○ ○ ○ ○

- ○ **delicate** [délikət]
- ○ **desperate** [déspərit]

- ○ **priest** [pri:st]
- ○ **suggestive** [səgdʒéstiv]

- ○ **organ** [ɔ́:rgən]
- ○ **telescope** [téləskòup]

- ○ **sword** [sɔ:rd]
- ○ **welfare** [wélfɛ̀ər]

- ○ **tourism** [túərizəm]
- ○ **tone** [toun]

- ○ **theme** [θi:m]
- ○ **preparation** [prèpəréiʃən]

- ○ **junk** [dʒʌŋk]
- ○ **whistle** [hwísəl]

- ○ **orbit** [ɔ́:rbit]
- ○ **gaze** [geiz]

- ○ **permit** [pə:rmít]
- ○ **forbid** [fərbíd]

- ○ **oppose** [əpóuz]
- ○ **exhaust** [igzɔ́:st]

a 섬세한, 민감한
a 필사적인, 절망적인

n 사제, 성직자
a 암시하는

n 장기, 오르간
n 망원경

n 검
n 복지, 후생

n 관광업
n 음색, 어조

n 주제, 테마
n 준비, 대비

n 쓰레기, 잡동사니
v 휘파람을 불다 n 휘파람

n 궤도 v 궤도를 돌다
v 응시하다 n 응시

v 허락하다
v 금지하다

v 반대하다
v 소모하다, 지치게 하다

○ **awaken** [sǽtisfài]
○ **acquire** [əkwáiər]

○ **occupy** [ɑ́kjəpài]
○ **found** [faund]

○ **quit** [kwit]
○ **ritual** [rítʃuəl]

○ **solid** [sɑ́lid/sɔ́-]
○ **classic** [klǽsik]

○ **sustain** [səstéin]
○ **fluid** [flú:id]

◆ 계수가 실수인 이차방정식

$ax^2 + bx + c = 0$의 두 근을 α, β라 하면

① 두 근이 모두 양
   $\Leftrightarrow D \geq 0,\ \alpha + \beta > 0,\ \alpha\beta > 0$

② 두 근이 모두 음
   $\Leftrightarrow D \geq 0,\ \alpha + \beta < 0,\ \alpha\beta > 0$

③ 두 근이 서로 다른 부호 $\Leftrightarrow \alpha\beta < 0$
   $\begin{cases} |양근| > |음근| \Leftrightarrow \alpha + \beta > 0,\ \alpha\beta < 0 \\ |양근| < |음근| \Leftrightarrow \alpha + \beta < 0,\ \alpha\beta < 0 \\ 절대값은\ 같고\ 서로\ 다른\ 부호 \Leftrightarrow \alpha + \beta = 0,\ \alpha\beta < 0 \end{cases}$

v 깨우다
v 얻다, 습득하다

v 차지하다, 점유하다
v 설립하다, 창립하다

v 그만두다, 포기하다
v (종교적) 의식

a 고체의, 단단한 n 고체
a 고전적인 n 고전

v 유지하다, 지속하다
a 유동적인 n 유체

최초 학습일	.	.

SELF-TEST RESULT

1st	2nd	3rd	4th	5th	6th
/30	/30	/30	/30	/30	/30

REVIEW CHECK

MIDDLE PAGE OF THE PREVIOUS	MIDDLE PAGE OF THIS VOLUME
27 47	12 20 24 26
○ ○ ○ ○ ○ ○	○ ○ ○ ○ ○ ○

- ○ **liberal** [líbərəl]
- ○ **baggy** [bǽgi]

- ○ **allergic** [ələ́:rdʒik]
- ○ **oral** [ɔ́:rəl]

- ○ **conscious** [kɑ́nʃəs]
- ○ **careless** [kɛ́ərlis]

- ○ **restore** [ristɔ́:r]
- ○ **intent** [intént]

- ○ **juvenile** [dʒú:vənəl]
- ○ **intimate** [íntəmit]

- ○ **furious** [fjúəriəs]
- ○ **fundamental** [əkáunt]

- ○ **immune** [imjú:n]
- ○ **linguistic** [liŋgwístik]

- ○ **crew** [kru:]
- ○ **expense** [ikspéns]

- ○ **era** [íərə]
- ○ **philosophy** [filɑ́səfi]

- ○ **grave** [greiv]
- ○ **liquid** [líkwid]

a 자유주의의
a 헐렁한, 느슨한

a 알레르기가 있는
a 구두의, 구술의

a 의식하는, 자각하는
a 부주의한, 소홀한

v 복원하다, 회복하다
n 의도 a 열중하는

a 청소년의 n 청소년
a 친밀한

a 격노한
a 근본적인

a 면역의, 면역이 있는
a 언어의, 언어학의

n 승무원, 팀
n 비용, 경비

n 시대, 시기
n 철학

n 무덤 a 심각한
n 액체 a 액체의

- ○ **primitive** [prímətiv]
- ○ **identical** [aidéntikəl]

- ○ **fortunate** [fɔ́ːrtʃənit]
- ○ **fashionable** [fǽʃənəbəl]

- ○ **remarkable** [rimɑ́ːrkəbəl]
- ○ **consideration** [kənsìdəréiʃən]

- ○ **annual** [ǽnjuəl]
- ○ **continuous** [kəntínjuəs]

- ○ **accustomed** [əkʌ́stəmd]
- ○ **ethnic** [éθnik]

고차방정식 풀이

◆ 인수분해를 이용한 풀이 :
고차방정식은 인수분해 공식, 인수정리,
조립제법 등을 이용해서 푼다.

◆ 복이차식의 꼴 :
$x^2 = t$ 로 치환하여 인수분해 공식을 이용해서
푼다.

◆ 상반방정식 :
짝수차의 상반방정식은 양변을 x^2 으로 나눈
다음 $x + \dfrac{1}{x} = t$ 로 치환하여 풀고, 홀수차의
상반방정식은 인수$(x + 1)$로 나누고, 그 때의
몫을 짝수차의 경우와 같이 푼다.

28

a 원시의
a 동일한

a 운이 좋은
a 유행하는

a 주목할 만한
n 심사숙고, 배려, 고려사항

a 매년의, 연례의
a 지속적인, 연속적인

a 익숙한, 습관이 된
a 민족의, 인종의

최초 학습일 　　　　　.　　　　　.

SELF-TEST RESULT

1st	2nd	3rd	4th	5th	6th
/30	/30	/30	/30	/30	/30

REVIEW CHECK

MIDDLE PAGE OF THE PREVIOUS	MIDDLE PAGE OF THIS VOLUME
28　48　○　○　○　○　○　○	13　21　25　27　○　○　○　○　○　○

- ○ **objective** [əbdʒéktiv]
- ○ **executive** [igzékjətiv]

- ○ **household** [diséibəld]
- ○ **identification** [aidèntəfikéiʃən]

- ○ **bush** [buʃ]
- ○ **ash** [æʃ]

- ○ **agency** [éidʒənsi]
- ○ **document** [dάkjəmənt]

- ○ **tax** [tæks]
- ○ **trial** [tráiəl]

- ○ **occasion** [əkéiʒən]
- ○ **provider** [prəváidər]

- ○ **capacity** [kəpǽsəti]
- ○ **stuff** [stʌf]

- ○ **import** [impɔ́:rt]
- ○ **venture** [véntʃər]

- ○ **relation** [riléiʃən]
- ○ **eliminate** [ilímənèit]

- ○ **illustrate** [íləstrèit]
- ○ **isolate** [áisəlèit]

a 객관적인 n 목표
n 경영진 a 실행의

n 가족, 세대
n 신원확인, 동일시

n 덤불, 관목
n 재

n 대행사, 기관
n 문서, 기록

n 세금
n 재판, 시도

n 경우, 때
n 제공자

n 수용력, 능력
n 물건, 재료 v: 채우다

n 수입 v 수입하다
n 모험 v 위험을 감수하다

n 관계
v 제거하다, 없애다

v 설명하다, 예시를 들다
v 고립시키다, 분리하다

○ **accomplish** [əkámpliʃ]
○ **distinguish** [distíŋgwiʃ]

○ **passive** [pǽsiv]
○ **bold** [bould]

○ **guilty** [kəmpɛ́ər]
○ **iron** [áiərn]

○ **cast** [kæst]
○ **dislike** [disláik]

○ **adjust** [ədʒʌ́st]
○ **modify** [mɑ́dəfài]

근과 계수와의 관계

◆ $ax^2 + bx + c = 0\,(a \neq 0)$의 두 근을
 $\alpha,\ \beta$라 하면

$$\alpha + \beta = -\frac{b}{a}, \quad \alpha\beta = \frac{c}{a}$$

◆ $ax^3 + bx^2 + cx + d = 0\,(a \neq 0)$의 세 근을
 $\alpha,\ \beta,\ \gamma$라 하면

$$\alpha + \beta + \gamma = -\frac{b}{a}, \quad \alpha\beta + \beta\gamma + \gamma\alpha = \frac{c}{a}, \quad \alpha\beta\gamma = -\frac{d}{a}$$

◆ 두 수 $\alpha,\ \beta$를 근으로 가지는 이차방정식은

$$x^2 - (\alpha + \beta)x + \alpha\beta = 0$$

v 성취하다, 이루다
v 구별하다, 식별하다

a 수동적인
a 대담한, 용감한

a 유죄의, 죄책감을 느끼는
n 철 v 다리미질하다

v 배역하다, 던지다, 주조하다 n 출연진
v 싫어하다 n 혐오

v 조정하다, 조절하다
v 수정하다, 변경하다

최초 학습일	.	.

SELF-TEST RESULT

1st	2nd	3rd	4th	5th	6th
/30	/30	/30	/30	/30	/30

REVIEW CHECK

MIDDLE PAGE OF THE PREVIOUS	MIDDLE PAGE OF THIS VOLUME
29　49	14　22　26　28

- ○ **calculate** [kǽlkjəlèit]
- ○ **determination** [ditə̀:rmənéiʃən]

- ○ **preference** [préfərəns]
- ○ **ecosystem** [ékousístəm]

- ○ **union** [jú:njən]
- ○ **pottery** [pátəri]

- ○ **remains** [riméinz]
- ○ **surgery** [sə́:rdʒəri]

- ○ **funeral** [fjú:nərəl]
- ○ **stock** [stɑk]

- ○ **pile** [pail]
- ○ **trap** [træp]

- ○ **connection** [kənékʃən]
- ○ **shade** [ʃeid]

- ○ **tune** [tju:n]
- ○ **resort** [rizɔ́:rt]

- ○ **vacuum** [vǽkjuəm]
- ○ **dye** [dai]

- ○ **drag** [dræg]
- ○ **fulfill** [fulfíl]

v 계산하다
n 결심, 결단

n 선호
n 생태계

n 연합, 조합
n 도자기, 도예

n 유적, 잔해
n 수술

n 장례식
n 재고(품), 주식

n 더미 v 쌓다
n 덫, 함정

n 연결, 결합
n 그늘, 음영

n 곡조 v 조율하다
n 휴양지 v 의지하다

n 진공 v 진공청소하다
n 염료 v 염색하다

v 끌다, 끌고 가다
v 이행하다, 충족하다

○ **enhance** [enhǽns]
○ **confidence** [kánfidəns]

○ **endure** [endjúər]
○ **engage** [engéidʒ]

○ **install** [kəmpɛ́ər]
○ **deny** [dinái]

○ **depict** [dipíkt]
○ **classify** [klǽsəfài]

○ **sour** [sáuər]
○ **cheerful** [tʃíərfəl]

근의 성질

◆ 계수가 유리수인 방정식에서 한 근이
$a \pm \sqrt{b}$ 가 근이면 $a \mp \sqrt{b}$ 도 근이다.

◆ 계수가 복소수인 방정식에서 한 근이 $a \pm bi$ 가
근이면 $a \mp bi$ 도 근이다.

v 향상시키다, 개선하다
n 자신감

v 견디다
v 약속하다, 참여하다

v 설치하다
v 부인하다, 거부하다

v 묘사하다, 그리다
v 분류하다

a 신맛의 v 시게 하다
a 쾌활한, 밝은

최초 학습일	. .

SELF-TEST RESULT

1st	2nd	3rd	4th	5th	6th
/30	/30	/30	/30	/30	/30

REVIEW CHECK

MIDDLE PAGE OF THE PREVIOUS	MIDDLE PAGE OF THIS VOLUME
30 50	15 23 27 29
○ ○ ○ ○ ○ ○ ○	○ ○ ○ ○ ○ ○ ○

- ○ **sensitive** [sénsətiv]
- ○ **visible** [vízəbəl]

- ○ **verbal** [və́:rbəl]
- ○ **overweight** [óuvərweit]

- ○ **historic** [histɔ́(:)rik]
- ○ **corporation** [kɔ̀:rpəréiʃən]

- ○ **ingredient** [ingrí:diənt]
- ○ **instinct** [ínstiŋkt]

- ○ **arrival** [əráivəl]
- ○ **creation** [kri:éiʃən]

- ○ **prediction** [pridíkʃən]
- ○ **obstacle** [ɑ́bstəkəl]

- ○ **landscape** [lǽndskèip]
- ○ **craft** [kræft]

- ○ **coverage** [kʌ́vəridʒ]
- ○ **filter** [fíltər]

- ○ **merit** [mérit]
- ○ **murder** [mə́:rdər]

- ○ **assist** [əsíst]
- ○ **weave** [wi:v]

a 민감한, 감수성이 강한
a 보이는, 가시적인

a 언어의, 구두의
a 과체중의

a 역사적인
n 기업, 법인

n 재료, 성분
n 본능

n 도착
n 창조, 창작물

n 예측, 예언
n 장애물

n 풍경, 경치
n 기술, 수공예

n 보도, 범위
n 필터 v 걸러내다

n 장점, 가치
n 살인 v 살해하다

v 돕다, 지원하다
v 엮다, 짜다

○ **stir** [stə:r]
○ **clap** [klæp]

○ **establishment** [istǽbliʃmənt]
○ **skip** [skip]

○ **strengthen** [stréŋkθən]
○ **scold** [skould]

○ **terrify** [térəfài]
○ **infect** [infékt]

○ **lively** [láivli]
○ **sensible** [sénsəbəl]

◈ **연립일차방정식** $\begin{cases} ax + by + c = 0 \\ a'x + b'y + c' = 0 \end{cases}$ 에서

① $\dfrac{a}{a'} = \dfrac{b}{b'}$ $\Rightarrow$ 해가 오직 한 쌍이다.

② $\dfrac{a}{a'} = \dfrac{b}{b'} = \dfrac{c}{c'}$ $\Rightarrow$ 해가 무수히 많다. (부정)

③ $\dfrac{a}{a'} = \dfrac{b}{b'} \neq \dfrac{c}{c'}$ $\Rightarrow$ 해가 없다. (불능)

31

v 휘젓다, 섞다
v 박수치다 n 박수

n 설립, 시설
v 건너뛰다, 생략하다

v 강화하다, 튼튼하게 하다
v 꾸짖다, 나무라다

v 무섭게 하다, 겁주다
v 감염시키다

a 활기찬, 생기 있는
a 합리적인, 분별 있는

최초 학습일	.	.

SELF-TEST RESULT

1st	2nd	3rd	4th	5th	6th
/30	/30	/30	/30	/30	/30

REVIEW CHECK

MIDDLE PAGE OF THE PREVIOUS	MIDDLE PAGE OF THIS VOLUME
31	1 16 24 28 30

- ○ **promising** [prɑ́məsiŋ]
- ○ **bitter** [bítər]

- ○ **miserable** [mízərəbəl]
- ○ **mechanical** [məkǽnikəl]

- ○ **supreme** [suprí:m]
- ○ **descendant** [diséndənt]

- ○ **pupil** [pjú:pəl]
- ○ **beard** [biərd]

- ○ **committee** [kəmíti]
- ○ **carbohydrate** [kɑ́:rbouháidreit]

- ○ **fortune** [fɔ́:rtʃən]
- ○ **gym** [dʒim]

- ○ **entrance** [éntrəns]
- ○ **alley** [ǽli]

- ○ **colony** [kɑ́ləni]
- ○ **existence** [igzístəns]

- ○ **boundary** [báundəri]
- ○ **consequence** [kɑ́nsikwèns]

- ○ **abuse** [əbjú:s]
- ○ **abuse** [əbjú:z]

a 유망한
a 쓴, 고통스러운

a 비참한, 불행한
a 기계의, 기계적인

a 최고의, 궁극적인
n 후손, 자손

n 학생, 제자
n (턱)수염

n 위원회
n 탄수화물

n 부, 재산, 운
n 체육관

n 입구, 입장
n 골목

n 식민지, 집단
n 존재

n 경계(선), 한계
n 결과, 영향

n 남용, 학대
v 남용하다, 학대하다

- ○ **comparable** [kǽmpərəbəl]
- ○ **bargain** [bɑ́:rgən]

- ○ **pause** [pɔ:z]
- ○ **split** [split]

- ○ **progressive** [prəgrésiv]
- ○ **rub** [rʌb]

- ○ **inspire** [inspáiər]
- ○ **resist** [rizíst]

- ○ **starve** [stɑ:rv]
- ○ **specialize** [kəmə́:rʃəl]

연립일차방정식

◆ 미지수가 3개 이상이면
  미지수를 하나씩 소거하여
  미지수의 개수를 줄여 나간다.

n 비교 가능한, 상당한
n 거래 v 흥정하다

v 잠시 멈추다 n 일시 정지
v 나누다, 쪼개다 n 분할

a 진보적인
v 문지르다, 비비다

v 영감을 주다, 고무하다
v 저항하다, 견디다

v 굶주리다, 기아에 시달리다
v 전공하다, 전문으로 다루다

최초 학습일	. .

SELF-TEST RESULT

1st	2nd	3rd	4th	5th	6th
/30	/30	/30	/30	/30	/30

REVIEW CHECK

MIDDLE PAGE OF THE PREVIOUS	MIDDLE PAGE OF THIS VOLUME
32	2　17　25　29　31
○ ○ ○ ○ ○ ○	○ ○ ○ ○ ○

- ○ **considerate** [pəláit]
- ○ **enthusiastic** [enθùːziǽstik]

- ○ **continual** [kəntínjuəl]
- ○ **complicated** [kámplikèitid]

- ○ **diverse** [divə́ːrs]
- ○ **intensive** [inténsiv]

- ○ **literary** [trədíʃən]
- ○ **veterinarian** [vètərənɛ́əriən]

- ○ **wagon** [wǽgən]
- ○ **wilderness** [wíldərnis]

- ○ **volume** [váljuːm]
- ○ **pastime** [pǽstàim]

- ○ **strain** [strein]
- ○ **trait** [treit]

- ○ **prospect** [práspekt]
- ○ **politics** [pálitiks]

- ○ **psychology** [saikálədʒi]
- ○ **forecast** [fɔ́ːrkæ̀st]

- ○ **ban** [bæn]
- ○ **register** [rédʒəstər]

a 배려하는, 사려 깊은
a 열정적인, 열광적인

a 지속적인, 끊임없는
a 복잡한, 난해한

a 다양한, 다채로운
a 집중적인, 강렬한

a 문학의, 문학적인
n 수의사

n 마차, 수레
n 황야

n 부피, 양, 책의 권
n 취미, 오락

n 긴장, 부담 v 긴장시키다
n 특성, 특징

n 전망, 가능성
n 정치, 정치학

n 심리학
n 예보 v 예측하다

v 금지하다 n 금지
v 등록하다 n 등록부

- ○ **stroke** [strouk]
- ○ **drift** [drift]

- ○ **daydream** [deidri:m]
- ○ **creep** [kri:p]

- ○ **delivery** [dilívəri]
- ○ **depart** [dipɑ́:rt]

- ○ **emerge** [imə́:rdʒ]
- ○ **confirm** [kənfə́:rm]

- ○ **enrich** [enrítʃ]
- ○ **resident** [rézidənt]

미지수가 2개인 연립이차방정식

◆ 일차식과 이차식
  일차식을 이차식에 대입하여 푼다.

◆ 이차식과 이차식
  ① 한 식을 인수분해하여 다른 식에 대입한다.
  ② 상수항을 소거한 후 인수분해한다.
  ③ 이차항을 소거한 후 다른 식에 대입한다.

◆ 대칭식인 연립방정식

  $x + y = a, \ xy = b$로 치환하여 푼다.

v 쓰다듬다 n 뇌졸중, 타격
v 표류하다 n 표류

v 공상하다 n 공상
v 기어가다

n 배달
v 출발하다

v 나타나다, 드러나다
v 확인하다, 확정하다

v 풍부하게 하다, 부유하게 하다
n 거주자, 주민

최초 학습일	.	.

SELF-TEST RESULT

1st	2nd	3rd	4th	5th	6th
/30	/30	/30	/30	/30	/30

REVIEW CHECK

MIDDLE PAGE OF THE PREVIOUS	MIDDLE PAGE OF THIS VOLUME
33	3 18 26 30 32
○ ○ ○ ○ ○ ○	○ ○ ○ ○ ○ ○

- ○ **abstract** [æbstrǽkt]
- ○ **pale** [peil]

- ○ **capable** [kéipəbəl]
- ○ **diligent** [dílədʒənt]

- ○ **eager** [íːgər]
- ○ **actual** [ǽktʃuəl]

- ○ **harsh** [hɑːrʃ]
- ○ **minister** [mínistər]

- ○ **millionaire** [mìljənέər]
- ○ **scholarship** [skɑ́lərʃip]

- ○ **assembly** [əsémbli]
- ○ **germ** [dʒəːrm]

- ○ **particle** [pɑ́ːrtikl]
- ○ **tide** [taid]

- ○ **legend** [lédʒənd]
- ○ **masterpiece** [mǽstərpìːs]

- ○ **option** [ɑ́pʃən]
- ○ **hardship** [hɑ́ːrdʃip]

- ○ **flame** [fiːd]
- ○ **scratch** [skrætʃ]

a 추상적인 n 추상화
a 창백한, 엷은

a 능력이 있는, 할 수 있는
a 근면한, 성실한

a 열망하는
a 실제의, 진짜의

a 가혹한, 거친
n 장관, 목사

n 백만장자
n 장학금

n 집회, 조립
n 세균, 병원균

n 입자
n 조수, 흐름

n 전설, 전설적인 인물
n 걸작

n 선택, 옵션
n 고난, 어려움

n 불꽃
v 긁다 n 긁힘

○ **burst** [bəːrst]
○ **flash** [flæʃ]

○ **spin** [spin]
○ **launch** [lɔːntʃ]

○ **reject** [ridʒékt]
○ **accompany** [əkʌ́mpəni]

○ **unite** [juːnáit]
○ **decorate** [dékərèit]

○ **initial** [iníʃəl]
○ **superior** [səpíəriər]

부정방정식의 해법

◆ 정수조건이 있는 경우
　(일차식)(일차식)=(정수)의 꼴로 고쳐 푼다.

◆ 실수조건이 주어지는 경우
① 한 문자로 정리하여 이차식으로 만든 다음
　$D \geqq 0$임을 이용한다.
② $A^2 + B^2 = 0$ (A, B는 실수) $\Leftrightarrow A = 0$, $B = 0$
③ $|A| + |B| = 0$ (A, B는 실수) $\Leftrightarrow A = 0$, $B = 0$

34

v 터지다 n 폭발
v 번쩍이다 n 섬광

v 회전하다 n 회전
v 발사하다 n 발사

v 거부하다, 거절하다
v 동행하다, 함께 하다

v 통합하다, 연합하다
v 장식하다, 꾸미다

a 초기의 n 이니셜
a 우수한, 상급의 n 상급자

최초 학습일	.	.

SELF-TEST RESULT

1st	2nd	3rd	4th	5th	6th
/30	/30	/30	/30	/30	/30

REVIEW CHECK

MIDDLE PAGE OF THE PREVIOUS	MIDDLE PAGE OF THIS VOLUME
34	4　19　27　31　33
○ ○ ○ ○ ○ ○	○ ○ ○ ○ ○

○ **sorrowful** [sɑ́roufəl]
○ **swift** [swift]

○ **vivid** [vívid]
○ **valid** [vǽlid]

○ **weird** [wiərd]
○ **urban** [ə́:rbən]

○ **attractive** [ətrǽktiv]
○ **spacecraft** [speiskræft]

○ **comet** [kɑ́mit]
○ **nutrition** [nju:tríʃən]

○ **breakdown** [bréikdàun]
○ **copper** [kɑ́pər]

○ **drawer** [drɔ́:ər]
○ **council** [káunsəl]

○ **district** [dístrikt]
○ **application** [ӕplikéiʃən]

○ **deed** [di:d]
○ **fame** [feim]

○ **achievement** [ətʃí:vmənt]
○ **dimension** [diménʃən]

a 슬픈, 비통한
a 빠른, 신속한

a 선명한, 생생한
a 유효한, 타당한

a 이상한, 기이한
a 도시의, 도시적인

a 매력적인
n 우주선

n 혜성
n 영양

n 고장, 와해
n 구리

n 서랍
n 의회, 위원회

n 구역, 지역
n 응용, 적용, 신청

n 행위
n 명성

n 성취
n 차원, 치수

- ⭕ **pioneer** [pàiəníər]
- ⭕ **burden** [bə́:rdn]

- ⭕ **counsel** [káunsəl]
- ⭕ **urge** [ə:rdʒ]

- ⭕ **strive** [straiv]
- ⭕ **undergo** [ʌndərgóu]

- ⭕ **tolerate** [tάlərèit]
- ⭕ **smash** [smæʃ]

- ⭕ **spoil** [spɔil]
- ⭕ **tempt** [tempt]

연립부등식

◆ 미지수가 3개인 연립일차방정식은 소거하거나
  변끼리 더하여 문자의 개수를 줄인다.

◆ 미지수가 2개인 연립일차방정식의 풀이
  ① 일차식과 이차식의 연립방정식은 일차식을
     이차식에 대입하여 푼다.

  ② 이차식과 이차식의 연립방정식은 한 식의
     인수분해, 이차항의 소거, 상수항의 소거 등을
     이용하여 일차식과 이차식의 연립방정식의
     꼴로 유도한다.

35

n 개척자 v 개척하다
n 짐, 부담 v 부담을 주다

v 상담하다 n 조언
v 촉구하다 n 충동

v 노력하다, 애쓰다
v 겪다, 경험하다

v 참다, 용인하다
v 부수다 n 파괴

v 망치다, 상하다
v 유혹하다

최초 학습일	.　　　　　.

SELF-TEST RESULT

1st	2nd	3rd	4th	5th	6th
/30	/30	/30	/30	/30	/30

REVIEW CHECK

MIDDLE PAGE OF THE PREVIOUS	MIDDLE PAGE OF THIS VOLUME
35	5　20　28　32　34

- ○ **uncover** [ənkávər]
- ○ **overlook** [òuvərlúk]

- ○ **sincere** [sinsíər]
- ○ **jealous** [dʒéləs]

- ○ **optimistic** [àptəmístik]
- ○ **prior** [práiər]

- ○ **occasional** [əkéiʒənəl]
- ○ **workforce** [wə:rkfɔ:rs]

- ○ **meaningful** [mí:niŋfəl]
- ○ **dynasty** [dáinəsti]

- ○ **monster** [mánstər]
- ○ **infancy** [ínfənsi]

- ○ **warehouse** [wɛ́ərhàus]
- ○ **avenue** [ǽvənjù:]

- ○ **volcano** [vɑlkéinou]
- ○ **triangle** [tráiæ̀ŋgəl]

- ○ **fusion** [fjú:ʒən]
- ○ **trigger** [trígər]

- ○ **vow** [vau]
- ○ **peel** [pi:l]

v 드러내다, 밝혀내다
v 내려다보다, 간과하다

a 진실한, 성실한
a 질투하는

a 낙관적인
a 이전의

a 이따금씩의, 때때로의
n 노동력, 근로자 집단

a 의미심장한
n 왕조

n 괴물, 몬스터
n 유아기

n 창고
n 대로, 거리

n 화산
n 삼각형

n 융합, 결합
v 유발하다 n 방아쇠

n 맹세, v 맹세하다
v 껍질, 껍질을 벗기다

○ **proceed** [prousí:d]
○ **fasten** [fǽsn]

○ **resume** [rizú:m]
○ **resume** [rèzuméi]

○ **lessen** [lésn]
○ **treatment** [trí:tmənt]

○ **responsibility** [rispànsəbíləti]
○ **dedicate** [dédikèit]

○ **overwhelm** [òuvərhwélm]
○ **resemble** [rizémbəl]

◆ 일차부등식 $ax > b$의 풀이

① $a > 0 \Rightarrow x > \dfrac{b}{a}, \quad a < 0 \Rightarrow x < \dfrac{b}{a}$

② $a = 0,\ b \geqq 0$일 때, 해는 없다. (불능)

③ $a = 0,\ b < 0$일 때, 해는 모든 실수이다.
(부정)

36

v 진행하다, 계속하다
v 고정하다, 묶다

v 재개하다
n 이력서

v 줄이다, 감소시키다
n 치료, 대우

n 책임
v 바치다, 헌신하다

v 압도하다, 제압하다
v 닮다, 유사하다

최초 학습일	.	.

SELF-TEST RESULT

1st	2nd	3rd	4th	5th	6th
/30	/30	/30	/30	/30	/30

REVIEW CHECK

MIDDLE PAGE OF THE PREVIOUS	MIDDLE PAGE OF THIS VOLUME
36	6 21 29 33 35
○ ○ ○ ○ ○ ○	○ ○ ○ ○ ○ ○

○ **spare** [spɛər]
○ **humble** [hʌmbəl]

○ **genuine** [dʒénjuin]
○ **graceful** [gréisfəl]

○ **extraordinary** [ikstrɔ́:rdənèri]
○ **fertile** [fə́:rtl]

○ **exotic** [igzátik]
○ **humane** [hju:méin]

○ **proof** [pru:f]
○ **halfway** [hǽfwéi]

○ **surgeon** [sə́:rdʒən]
○ **sympathy** [símpəθi]

○ **thirsty** [θə́:rsti]
○ **territory** [térətɔ̀:ri]

○ **reactive** [ri:ǽktiv]
○ **reunification** [ri:jù:nəfikéiʃən]

○ **storage** [stɔ́:ridʒ]
○ **session** [séʃən]

○ **mercy** [mə́:rsi]
○ **privilege** [prívəlidʒ]

v 아끼다, 할애하다 a 여분의
a 겸손한, 소박한

a 진짜의, 진실한
a 우아한, 품위 있는

a 비범한, 특별한
n 비옥한, 기름진

a 이국적인, 외래의
n 인간적인

n 증거
a 중간의 ad 도중에

n 외과 의사
n 동정, 공감

a 목이 마른
n 영토, 지역

a 반응하는
n 재통일

n 저장, 보관
n 회기, 세션

n 자비, 연민
n 특권, 혜택

○ **rival** [ráivəl]
○ **sponsor** [spánsər]

○ **stem** [stem]
○ **frustration** [frʌstreiʃən]

○ **hook** [huk]
○ **plot** [plɔt]

○ **rank** [ræŋk]
○ **hatch** [hætʃ]

○ **embrace** [embréis]
○ **investigate** [invéstəgèit]

이차부등식의 풀이

$a > 0$ 이고 $ax^2 + bx + c = 0$의 두 실근이
$\alpha,\ \beta\,(\alpha < \beta)$일 때,

① $ax^2 + bx + c > 0$의 해는
   $x < \alpha$ 또는 $x > \beta$

② $ax^2 + bx + c < 0$의 해는
   $\alpha < x < \beta$

37

n 경쟁자
n 후원자 v 후원하다

n 줄기 v 유래하다
n 좌절

n 갈고리 v 걸다
n 줄거리, 음모 v (음모를) 계획하다

n 계급, 지위 v 순위를 매기다
v 부화하다

v 껴안다 n 포옹
v 조사하다

최초 학습일

SELF-TEST RESULT

1st	2nd	3rd	4th	5th	6th
/30	/30	/30	/30	/30	/30

REVIEW CHECK

MIDDLE PAGE OF THE PREVIOUS	MIDDLE PAGE OF THIS VOLUME
37	7 22 30 34 36
○ ○ ○ ○ ○ ○	○ ○ ○ ○ ○

- ○ **interfere** [ìntərfíər]
- ○ **imply** [implái]

- ○ **imitate** [ímitèit]
- ○ **advertisement** [ædvərtáizmənt]

- ○ **fade** [feid]
- ○ **concrete** [kánkri:t]

- ○ **dynamic** [dainǽmik]
- ○ **bare** [bɛər]

- ○ **atomic** [ətámik]
- ○ **automatic** [ɔ̀:təmǽtik]

- ○ **conventional** [kənvénʃənəl]
- ○ **eternal** [itə́:rnəl]

- ○ **disappointment** [dìsəpɔ́intmənt]
- ○ **promotion** [prəmóuʃən]

- ○ **reputation** [rèpjətéiʃən]
- ○ **mummy** [mʌ́mi]

- ○ **monument** [mánjəmənt]
- ○ **paradise** [pǽrədàis]

- ○ **nightmare** [náitmɛ̀ər]
- ○ **nerve** [nə:rv]

v 간섭하다, 방해하다
v 암시하다, 내포하다

v 모방하다, 흉내 내다
n 광고

v 희미해지다
a 구체적인 n 콘크리트

a 역동적인
a 벌거벗은

a 원자의, 원자력의
a 자동의

a 전통적인, 관습적인
a 영원한, 불멸의

n 실망
n 승진, 촉진

n 명성, 평판
n 미라, 엄마

n 기념물, 기념비
n 천국, 낙원

n 악몽, 끔찍한 경험
n 신경, 용기

○ **motorcycle** [móutərsáikl]
○ **mud** [mʌd]

○ **logic** [ládʒik]
○ **outcome** [áutkʌm]

○ **millennium** [miléniəm]
○ **meantime** [mi:ntaim]

○ **assumption** [əsʌ́mpʃən]
○ **arise** [əráiz]

○ **approve** [əprú:v]
○ **consult** [kənsʌ́lt]

여러 가지 부등식

◆ $a^2 \pm ab + b^2 \geqq 0$

◆ $a^3 + b^3 + c^3 - 3abc \geqq 0$ $(a,\ b,\ c$는 양수$)$

◆ $a^2 + b^2 + c^2 - ab - bc - ca \geqq 0$

◆ $a > 0,\ b > 0$일 때, $\dfrac{a+b}{2} \geqq \sqrt{ab} \geqq \dfrac{2ab}{a+b}$
  (단, 등호는 $a = b$일 때, 성립)

◆ 실수 $a,\ b,\ x,\ y$에 대하여
  $$(a^2 + b^2)(x^2 + y^2) \geqq (ax + by)^2$$
  (단, 등호는 $a : b = x : y$일 때, 성립)

38

n 오토바이
n 진흙

n 논리
n 결과

n 천년
n 그동안 ad 그 사이에

n 가정, 추정
v 발생하다, 일어나다

v 승인하다, 찬성하다
v 상담하다, 참조하다

최초 학습일	.	.

SELF-TEST RESULT

1st	2nd	3rd	4th	5th	6th
/30	/30	/30	/30	/30	/30

REVIEW CHECK

MIDDLE PAGE OF THE PREVIOUS	MIDDLE PAGE OF THIS VOLUME
38	8 23 31 35 37

- ○ **diagnose** [pəláit]
- ○ **congratulate** [kəngrǽtʃəlèit]

- ○ **boast** [boust]
- ○ **prohibit** [prouhíbit]

- ○ **abandon** [əbǽndən]
- ○ **absolute** [ǽbsəlù:t]

- ○ **intellectual** [ìntəléktʃuəl]
- ○ **alien** [éiljən]

- ○ **subjective** [səbdʒéktiv]
- ○ **loose** [lu:s]

- ○ **pure** [pjuər]
- ○ **frequency** [frí:kwənsi]

- ○ **raw** [rɔ:]
- ○ **selfish** [sélfiʃ]

- ○ **historian** [histɔ́:riən]
- ○ **geography** [dʒi:ɑ́grəfi]

- ○ **hydrogen** [háidrədʒən]
- ○ **lava** [lɑ́:və]

- ○ **livestock** [láivstɑk]
- ○ **fishery** [fíʃəri]

v 진단하다
v 축하하다

v 자랑하다
v 금지하다

v 버리다, 포기하다
a 절대적인, 완전한

a 지적인
n 외계인 a 외국의, 이질적인

a 주관적인
a 느슨한, 헐거운

a 순수한, 깨끗한
n 빈도, 주파수

a 날것의, 가공되지 않은
a 이기적인

n 역사학자
n 지리

n 수소
n 용암

n 가축
n 어업, 수산업

- ○ **irrigation** [irəgéiʃən]
- ○ **institution** [ìnstətjú:ʃən]

- ○ **traditional** [trədíʃənəl]
- ○ **frame** [freim]

- ○ **idiom** [ídiəm]
- ○ **goodwill** [gúdwíl]

- ○ **horror** [hɔ́:rər]
- ○ **heritage** [héritidʒ]

- ○ **nap** [næp]
- ○ **yield** [ji:ld]

절대부등식

◆ 산술평균, 기하평균

$a > 0,\ b > 0$일 때 $a + b \geqq 2\sqrt{ab}$

(단, 등호는 $a = b$일 때 성립)

n 관개, 물을 대는 것
n 기관, 제도

a 전통적인
n 틀, 뼈대

n 관용구
n 호의, 친선

n 공포, 두려움
n 유산

n 낮잠 v 낮잠을 자다
v 산출하다, 양보하다 n 수확량, 농작물

최초 학습일	.	.

SELF-TEST RESULT

1st	2nd	3rd	4th	5th	6th
/30	/30	/30	/30	/30	/30

REVIEW CHECK

MIDDLE PAGE OF THE PREVIOUS						MIDDLE PAGE OF THIS VOLUME					
39						9	24	32	36	38	
○	○	○	○	○	○	○	○	○	○	○	○

- ○ **worship** [wə́:rʃip]
- ○ **trace** [treis]

- ○ **persuasion** [pərswéiʒən]
- ○ **wreck** [rek]

- ○ **nod** [nɑd]
- ○ **tickle** [tíkəl]

- ○ **emotional** [imóuʃənəl]
- ○ **imaginative** [imǽdʒənətiv]

- ○ **wipe** [waip]
- ○ **compose** [kəmpóuz]

- ○ **elect** [ilékt]
- ○ **digest** [daidʒést]

- ○ **steep** [sti:p]
- ○ **spectacular** [spektǽkjələr]

- ○ **prime** [praim]
- ○ **worthwhile** [wə́:rθhwáil]

- ○ **infinite** [ínfənit]
- ○ **voluntary** [vɑ́ləntèri]

- ○ **empire** [émpaiər]
- ○ **fate** [feit]

v 숭배하다 n 숭배
v 추적하다 n 자취, 흔적

n 설득
n 난파선 v 파괴하다

v 고개를 끄덕이다
v 간지럽히다

a 감정적인
a 상상력이 풍부한

v 닦다
v 작곡하다, 구성하다

v 선출하다
v 소화하다

a 가파른
a 장관을 이루는

a 주요한, 최상의
a 가치 있는

a 무한한
a 자발적인

n 제국
n 운명

- ○ **feather** [féðər]
- ○ **sleeve** [sli:v]

- ○ **evolution** [èvəlú:ʃən]
- ○ **drought** [draut]

- ○ **excursion** [ikskə́:rʒən]
- ○ **extinct** [ikstíŋkt]

- ○ **encyclopedia** [ensàikloupí:diə]
- ○ **diameter** [daiǽmitər]

- ○ **cube** [kju:b]
- ○ **cone** [koun]

절대부등식

◆ 코시-슈바르츠의 부등식

$a,\ b,\ x,\ y$가 실수일 때
$$(a^2 + b^2)(x^2 + y^2) \geqq (ax + by)^2$$

(단, 등호는 $a : b = x : y$일 때 성립)

n 깃털
n 소매

n 진화
n 가뭄

n 소풍, 여행
a 멸종된

n 백과사전
n 지름

n 정육면체
n 원뿔

최초 학습일	. .

SELF-TEST RESULT

1st	2nd	3rd	4th	5th	6th
/30	/30	/30	/30	/30	/30

REVIEW CHECK

MIDDLE PAGE OF THE PREVIOUS	MIDDLE PAGE OF THIS VOLUME
40	10 25 33 37 39
○ ○ ○ ○ ○ ○	○ ○ ○ ○ ○ ○

- ○ **feedback** [fi:dbæk]
- ○ **decline** [dikláin]

- ○ **strip** [strip]
- ○ **expansive** [ikspǽnsiv]

- ○ **suspect** [səspékt]
- ○ **suspect** [sʌ́spekt]

- ○ **sting** [stiŋ]
- ○ **suck** [sʌk]

- ○ **scatter** [skǽtər]
- ○ **pronounce** [prənáuns]

- ○ **symbolize** [símbəlàiz]
- ○ **restrict** [ristríkt]

- ○ **retire** [ritáiər]
- ○ **minimum** [mínəməm]

- ○ **contribution** [kàntrəbjú:ʃən]
- ○ **noble** [nóubəl]

- ○ **criminal** [krímənl]
- ○ **outstanding** [àutstǽndiŋ]

- ○ **partial** [pɑ́:rʃəl]
- ○ **mutual** [mjú:tʃuəl]

n 피드백, 반응
v 하락하다, 감소하다, 거절하다

v 벗기다, 제거하다
a 확장적인

v 의심하다
n 용의자 a 의심스러운

v 쏘다, 찌르다
v 빨다, 흡입하다

v 퍼뜨리다, 흩어지다
v 발음하다

v 상징하다
v 제한하다

v 은퇴하다
n 최소, 최저

n 기여, 공헌
a 고귀한, 귀족의 n 귀족

a 범죄의 n 범죄자
a 뛰어난, 두드러진

a 부분적인, 편파적인
a 상호의, 공동의

- ⚪ **overall** [óuvərɔ̀ːl]
- ⚪ **archaeologist** [àːrkiάlədʒist]

- ⚪ **attorney** [ətə́ːrni]
- ⚪ **sermon** [sə́ːrmən]

- ⚪ **caterpillar** [kǽtərpìlər]
- ⚪ **resource** [ríːsɔːrs]

- ⚪ **career** [kəríər]
- ⚪ **opportunity** [àpərtjúːnəti]

- ⚪ **conservation** [kὰnsəːrvéiʃən]
- ⚪ **attitude** [ǽtitjùːd]

◆ 두 점 $A(x_1, y_1)$, $B(x_2, y_2)$ 사이의 거리는

$$\overline{AB} = \sqrt{(x_2 - x_1)^2 + (y_2 - y_1)^2}$$

41

a 전반적인 ad 전반적으로
n 고고학자

n 변호사
n 설교

n 애벌레
n 자원

n 경력
n 기회

n 보존
n 태도

최초 학습일 　　　　.　　　　.

SELF-TEST RESULT

1st	2nd	3rd	4th	5th	6th
/30	/30	/30	/30	/30	/30

REVIEW CHECK

MIDDLE PAGE OF THE PREVIOUS	MIDDLE PAGE OF THIS VOLUME
41	11　26　34　38　40
○ ○ ○ ○ ○ ○ ○	○ ○ ○ ○ ○ ○

- ○ **reality** [ri:ǽləti]
- ○ **existent** [igzístənt]

- ○ **invasion** [invéiʒən]
- ○ **issue** [íʃu:]

- ○ **tear** [tiər]
- ○ **tear** [tɛər]

- ○ **detail** [dí:teil]
- ○ **limit** [límit]

- ○ **challenge** [tʃǽlindʒ]
- ○ **cereal** [síəriəl]

- ○ **swing** [swiŋ]
- ○ **manufacture** [mæ̀njəfǽktʃər]

- ○ **misunderstand** [mìsʌndərstǽnd]
- ○ **attach** [ətǽtʃ]

- ○ **select** [silékt]
- ○ **amaze** [əméiz]

- ○ **superficial** [sù:pərfíʃəl]
- ○ **discourage** [diskə́:ridʒ]

- ○ **bless** [bles]
- ○ **admit** [ədmít]

n 현실
a 존재하는

n 침략
n 문제, 쟁점

n 눈물
v 찢다

n 세부사항
n 한계 v 제한하다

n 도전 v 도전하다
n 곡물, 시리얼

v 흔들다 n 그네
v 제조하다 n 제조

v 오해하다
v 붙이다, 첨부하다

v 선택하다
v 놀라게 하다

a 피상적인, 표면적인
v 낙담시키다, 단념하게 하다

v 축복하다
v 인정하다, 입장을 허락하다

○ **cliff** [klif]
○ **cabin** [kǽbin]

○ **architecture** [ɑ́:rkətèktʃər]
○ **route** [ru:t]

○ **advantageous** [ӕdvəntéidʒəs]
○ **democracy** [dimɑ́krəsi]

○ **administration** [ӕdmìnəstréiʃən]
○ **prey** [prei]

○ **refund** [rí:fʌnd]
○ **refund** [rifʌ́nd]

내분점, 외분점

◆ 좌표평면 위의 두 점
$A(x_1,\ y_1),\ B(x_2,\ y_2)$에 대하여 선분 AB를
$m,\ n(m>0,\ n>0)$으로 내분하는 점을 P,
외분하는 점을 Q라고 하면

$$P\left(\frac{mx_2+nx_1}{m+n},\frac{my_2+ny_1}{m+n}\right)$$

$$Q\left(\frac{mx_2-nx_1}{m-n},\frac{my_2-ny_1}{m-n}\right)\ (m\neq n)$$

42

n 절벽
n 오두막, 캐빈

n 건축, 건축학
n 경로, 노선

a 유리한
n 민주주의

n 행정, 관리
n 먹이, 희생자 v 사냥하다

n 환불
v 환불하다

최초 학습일	. .

SELF-TEST RESULT

1st	2nd	3rd	4th	5th	6th
/30	/30	/30	/30	/30	/30

REVIEW CHECK

MIDDLE PAGE OF THE PREVIOUS	MIDDLE PAGE OF THIS VOLUME
42	12 27 35 39 41
○ ○ ○ ○ ○ ○	○ ○ ○ ○ ○

- **polish** [pɑ́liʃ]
- **Polish** [póuliʃ]

- **sow** [sou]
- **mislead** [mislí:d]

- **pat** [pæt]
- **security** [sikjúəriti]

- **paralyze** [pǽrəlàiz]
- **shatter** [ʃǽtər]

- **recite** [risáit]
- **renew** [rinjú:]

- **soak** [souk]
- **adolescent** [ædəlésənt]

- **original** [ərídʒənəl]
- **latter** [lǽtər]

- **gigantic** [dʒaigǽntik]
- **courageous** [kəréidʒəs]

- **innocent** [ínəsnt]
- **loyal** [lɔ́iəl]

- **grateful** [gréitfəl]
- **domestic** [douméstik]

v 닦다
a 폴란드의 n 폴란드어

v 씨를 뿌리다
v 잘못 인도하다

n 가벼운 치기 v 가볍게 치다
n 안전

v 마비시키다
v 박살내다, 산산조각 나다

v 암송하다, 낭독하다
v 갱신하다, 재개하다

v 담그다, 적시다
a 청소년의 n 청소년

a 독창적인 n 원물
a 후자의

a 거대한
a 용감한

a 무죄의, 순진한
a 충성스러운

a 감사하는
a 국내의, 가정의

○ **tendency** [téndənsi]
○ **spokesperson** [spoukpə́:rsən]

○ **sophomore** [sáfəmɔ̀:r]
○ **kindergarten** [kíndərgà:rtn]

○ **recovery** [rikʌ́vəri]
○ **flavor** [fléivər]

○ **slope** [sloup]
○ **cruise** [kru:z]

○ **crush** [krʌʃ]
○ **grin** [grin]

직선의 방정식

◆ 점 $P(x_1,\ y_1)$을 지나고 기울기가 m인
직선의 방정식은

$$y - y_1 = m\,(x - x_1)$$

43

n 경향
n 대변인

n 2학년 학생
n 유치원

n 회복
n 맛, 풍미

n 경사, 경사면
v 순항하다 n 크루즈 여행

v 눌러 망가뜨리다, 부수다
v 미소 짓다 n 미소

최초 학습일	. .

SELF-TEST RESULT

1st	2nd	3rd	4th	5th	6th
/30	/30	/30	/30	/30	/30

REVIEW CHECK

MIDDLE PAGE OF THE PREVIOUS	MIDDLE PAGE OF THIS VOLUME
43	13 28 36 40 42
○ ○ ○ ○ ○ ○	○ ○ ○ ○ ○ ○

○ **disguise** [disgáiz]
○ **exclaim** [ikskléim]

○ **conquer** [káŋkər]
○ **impose** [impóuz]

○ **suggestion** [səgdʒéstʃən]
○ **interpret** [intə́:rprit]

○ **distort** [distɔ́:rt]
○ **cheat** [tʃi:t]

○ **slight** [slait]
○ **dense** [dens]

○ **countless** [káuntlis]
○ **costly** [kɔ́:stli]

○ **crucial** [krú:ʃəl]
○ **donor** [dóunər]

○ **deadly** [dédli]
○ **jaw** [dʒɔ:]

○ **ceiling** [sí:liŋ]
○ **ranch** [ræntʃ]

○ **disturbance** [distə́:rbəns]
○ **rainfall** [réinfɔ̀:l]

v 변장하다 n 변장
v 외치다, 소리치다

v 정복하다, 극복하다
v 부과하다, 강요하다

n 제안, 암시
v 해석하다

v 왜곡하다, 비틀다
v 기만하다, 속이다

a 약간의
a 밀집한, 조밀한

a 무수한, 셀 수 없는
a 비싼, 비용이 많이 드는

a 결정적인, 중대한
n 기부자

a 치명적인
n 턱

n 천장
n 농장, 목장

n 방해
n 강우, 강우량

- ○ **lottery** [lάtəri]
- ○ **sequence** [síːkwəns]

- ○ **necessity** [nisésəti]
- ○ **productivity** [pròudʌktívəti]

- ○ **viewpoint** [vjúːpɔ̀int]
- ○ **proof** [pruːf]

- ○ **aggression** [əgréʃən]
- ○ **depression** [dipréʃən]

- ○ **wrinkle** [ríŋkəl]
- ○ **crack** [kræk]

직선의 방정식

◆ 서로 다른 두 점 $A(x_1,\ y_1),\ B(x_2,\ y_2)$를
지나는 직선의 방정식은

$$y - y_1 = \frac{y_2 - y_1}{x_2 - x_1}(x - x_1)\ \ (x_1 \neq x_2)$$

n 복권
n 연속, 순서

n 필요성, 필수
n 생산성

n 관점
n 증거

n 공격(성)
n 우울증, 우울

n 주름 v 주름지게 하다
n 균열 v 균열이 가다

최초 학습일	.	.

SELF-TEST RESULT

1st	2nd	3rd	4th	5th	6th
/30	/30	/30	/30	/30	/30

REVIEW CHECK

MIDDLE PAGE OF THE PREVIOUS	MIDDLE PAGE OF THIS VOLUME
44	14 29 37 41 43
○ ○ ○ ○ ○ ○ ○	○ ○ ○ ○ ○

- ○ **ache** [eik]
- ○ **erupt** [irʌpt]

- ○ **management** [mǽnidʒmənt]
- ○ **choke** [tʃouk]

- ○ **alter** [ɔ́:ltər]
- ○ **perceive** [pərsí:v]

- ○ **invest** [invést]
- ○ **dismiss** [dismís]

- ○ **mature** [mətjúər]
- ○ **transformation** [trænsfərméiʃən]

- ○ **dim** [dim]
- ○ **competent** [kάmpətənt]

- ○ **dumb** [dʌm]
- ○ **vague** [veig]

- ○ **urgent** [ə́:rdʒənt]
- ○ **respectful** [rispéktfəl]

- ○ **temporary** [témpərèri]
- ○ **minority** [minɔ́:riti]

- ○ **pedestrian** [pədéstriən]
- ○ **physician** [fizíʃən]

n 통증 v 아프다
v 폭발하다, 분출하다

n 관리, 경영
v 질식시키다

v 변경하다, 바꾸다
v 인식하다, 감지하다

v 투자하다
v 해고하다, 해산하다

a 성숙한
n 변형

n 어둑한 v 어둑해지다
a 유능한, 능숙한

a 벙어리인
a 애매한, 모호한

a 긴급한
a 존중하는

a 일시적인
n 소수, 소수집단

n 보행자
n 의사

○ **frost** [frɔ:st]
○ **still** [stil]

○ **announcement** [ənáunsmənt]
○ **obedient** [oubí:diənt]

○ **planet** [plǽnət]
○ **population** [pàpjəléiʃən]

○ **article** [ɑ́:rtikl]
○ **education** [èdʒukéiʃən]

○ **explosive** [iksplóusiv]
○ **purpose** [pə́:rpəs]

직선의 방정식

◆ x절편이 a이고 y절편이 b인 직선의
방정식은

$$\frac{x}{a} + \frac{y}{b} = 1 \,(단, \ a \neq 0, \ b \neq 0)$$

45

n 서리
a 고요한 ad 여전히, 더욱

n 발표
a 순종하는, 유순한

n 행성
n 인구

n 기사, 물품
n 교육

n 폭발물 a 폭발성의
n 목적

최초 학습일	.	.

SELF-TEST RESULT

1st	2nd	3rd	4th	5th	6th
/30	/30	/30	/30	/30	/30

REVIEW CHECK

MIDDLE PAGE OF THE PREVIOUS	MIDDLE PAGE OF THIS VOLUME
45	15 30 38 42 44
○ ○ ○ ○ ○	○ ○ ○ ○ ○

- **arm** [ɑ:rm]
- **amount** [əmáunt]

- **object** [ábdʒikt]
- **object** [əbdʒékt]

- **evident** [évidənt]
- **rest** [rest]

- **glacier** [glǽsjər]
- **galaxy** [gǽləksi]

- **molecule** [máləkjù:l]
- **headline** [hédlàin]

- **midst** [midst]
- **guidance** [gáidns]

- **grief** [gri:f]
- **greed** [gri:d]

- **stain** [stein]
- **loan** [loun]

- **spill** [spil]
- **spit** [spit]

- **sparkle** [spá:rkəl]
- **discussion** [diskʌ́ʃən]

n 팔, 무기 v 무장시키다
v 총계 (…에) 달하다《to》 n 양

n 물체, 목적
v 반대하다

a 분명한, 명백한
n 휴식 v 쉬다

n 빙하
n 은하

n 분자
n 제목, 헤드라인

n 가운데 ad 중간에
n 안내, 지도

n 슬픔, 비탄
n 탐욕

n 얼룩, 오점 v 더럽히다
n 대출 v 대출하다

v 엎지르다
v 침을 뱉다 n 침

v 반짝이다 n 반짝임
n 논의

- ○ **attraction** [ətrǽkʃən]
- ○ **illusion** [ilúːʒən]

- ○ **subject** [sʌ́bdʒikt]
- ○ **subject** [səbdʒékt]

- ○ **expedition** [èkspədíʃən]
- ○ **exception** [iksépʃən]

- ○ **budget** [bʌ́dʒit]
- ○ **portion** [pɔ́ːrʃən]

- ○ **dignity** [dígnəti]
- ○ **addition** [ədíʃən]

두 직선의 위치관계

구분	$y = mx + n$ $y = m' + n'$	$ax + by + c = 0$ $a'x + b'y + c' = 0$
평행	$m = m',\ n \neq n'$	$\dfrac{a}{a'} = \dfrac{b}{b'} \neq \dfrac{c}{c'}$
일치	$m = m',\ n = n'$	$\dfrac{a}{a'} = \dfrac{b}{b'} = \dfrac{c}{c'}$
수직	$mm' = -1$	$aa' + bb' = 0$
한점에서만남	$m \neq m'$	$\dfrac{a}{a'} \neq \dfrac{b}{b'}$

46

n 매력
n 환영, 환각

n 주제, 과목, 실험대상 a 지배를 받는
v 종속시키다, 지배하다

n 탐험, 원정
n 예외

n 예산
n 부분, 몫

n 존엄, 품위
n 추가, 부가, 덧셈

최초 학습일	.　　　　.

SELF-TEST RESULT

1st	2nd	3rd	4th	5th	6th
/30	/30	/30	/30	/30	/30

REVIEW CHECK

MIDDLE PAGE OF THE PREVIOUS	MIDDLE PAGE OF THIS VOLUME
46	16　31　39　43　45
○ ○ ○ ○ ○ ○	○ ○ ○ ○ ○

- **affection** [əfékʃən]
- **prevention** [privénʃən]

- **finance** [finǽns]
- **drill** [dril]

- **screw** [skru:]
- **scoop** [sku:p]

- **notification** [nòutəfikéiʃən]
- **seize** [si:z]

- **slam** [slæm]
- **scrub** [skrʌb]

- **leak** [li:k]
- **transportation** [trænspərtéiʃən]

- **recall** [rikɔ́:l]
- **resolve** [rizάlv]

- **reproduce** [rì:prədjú:s]
- **distribute** [distríbju:t]

- **memorial** [məmɔ́:riəl]
- **editorial** [èdətɔ́:riəl]

- **fold** [fould]
- **startle** [stάːrtl]

n 애정, 사랑
n 예방

n 재정 v 자금을 조달하다
n 드릴, 훈련 v 훈련하다

n 나사 v 나사를 조이다
n 국자 v 퍼내다

n 통지
v 붙잡다

v 세게 닫다
v 문지르다

v 새다 n 누수
n 운송, 수송

v 회상하다, 상기하다
v 해결하다, 결심하다

v 재생하다, 복제하다
v 분배하다, 배포하다

a 기념의 n 기념물
n 사설 a 편집의

n 주름, 접은 자리 v 접다
v 놀라게 하다

○ **stun** [stʌn]
○ **tumble** [tʌ́mbəl]

○ **encouragement** [enkə́:ridʒmənt]
○ **intention** [inténʃən]

○ **stimulate** [stímjəlèit]
○ **constructive** [kənstrʌ́ktiv]

○ **dull** [dʌl]
○ **slim** [slim]

○ **spacious** [spéiʃəs]
○ **interruption** [ìntərʌ́pʃən]

점과 직선 사이의 거리

◆ 점 $(x_1,\ y_1)$과 직선 $ax + by + c = 0$사이의
거리는

$$d = \frac{|\,ax_1 + by_1 + c\,|}{\sqrt{a^2 + b^2}}$$

47

v 기절시키다, 놀라게 하다
v 넘어지다 n 넘어짐

n 격려
n 의향, 의도

v 자극하다, 촉진하다
n 건설적인

a 지루한, 흐린 v 무디게 하다
a 날씬한 v 가늘게 하다

a 넓은, 공간이 많은
n 차단, 방해

최초 학습일	.	.

SELF-TEST RESULT

1st	2nd	3rd	4th	5th	6th
/30	/30	/30	/30	/30	/30

REVIEW CHECK

MIDDLE PAGE OF THE PREVIOUS	MIDDLE PAGE OF THIS VOLUME
47	17 32 40 44 46
○ ○ ○ ○ ○ ○	○ ○ ○ ○ ○ ○

- ○ **sociable** [pəláit]
- ○ **stiff** [stif]

- ○ **stubborn** [stʌbərn]
- ○ **striking** [stráikiŋ]

- ○ **subtle** [sʌtl]
- ○ **elbow** [élbou]

- ○ **flesh** [fleʃ]
- ○ **fiber** [fáibər]

- ○ **detergent** [ditə́:rdʒənt]
- ○ **gradual** [grǽdʒuəl]

- ○ **massive** [mǽsiv]
- ○ **numerous** [njú:mərəs]

- ○ **commander** [kəmǽndər]
- ○ **prominent** [prɑ́mənənt]

- ○ **naked** [néikid]
- ○ **colleague** [kɑ́li:g]

- ○ **permission** [pə:rmíʃən]
- ○ **bay** [bei]

- ○ **intersection** [intə́:rsékʃən]
- ○ **voyage** [vɔ́iidʒ]

a 사교적인
a 뻣뻣한, 경직된

a 고집 센, 완고한
a 인상적인, 두드러진

a 미세한, 희미한
n 팔꿈치

n 살, 육체
n 섬유, 섬유조직

n 세제
a 점진적인

a 거대한, 대규모의
a 수많은

n 지휘관, 지휘자
a 두드러진, 저명한

a 나체의, 벌거벗은
n 동료

n 허가, 허용
n 만(灣)

n 교차, 횡단, 교차점
n 항해, 긴 여행

- ○ **nurture** [nə́:rtʃər]
- ○ **overflow** [òuvərflóu]

- ○ **insult** [ínsʌlt]
- ○ **insult** [insʌ'lt]

- ○ **occupation** [àkjəpéiʃən]
- ○ **demonstrate** [démənstrèit]

- ○ **physical** [fízikəl]
- ○ **collide** [kəláid]

- ○ **detect** [ditékt]
- ○ **participation** [pɑːrtísəpèiʃən]

◆ 두 직선

$$ax + by + c = 0, \ \ a'x + b'y + c' = 0 의$$
교점을 지나는 직선의 방정식은

$$ax + by + c + k(a'x + b'y + c') = 0$$

48

n 양육 v 양육하다
v 넘치다 n 범람, 홍수

n 모욕, 무례
v 모욕하다

n 직업, 점유
v 증명하다, 보여주다

a 육체의, 물질의, 물리적인
v 충돌하다

v 발견하다, 감지하다
n 참여

최초 학습일	. .

SELF-TEST RESULT

1st	2nd	3rd	4th	5th	6th
/30	/30	/30	/30	/30	/30

REVIEW CHECK

MIDDLE PAGE OF THE PREVIOUS	MIDDLE PAGE OF THIS VOLUME
48 ○ ○ ○ ○ ○ ○	18 33 41 45 47 ○ ○ ○ ○ ○ ○

- ○ **accuse** [əkjúːz]
- ○ **evaluate** [ivǽljuèit]

- ○ **examination** [igzæmənéiʃən]
- ○ **faint** [feint]

- ○ **foul** [faul]
- ○ **frank** [fræŋk]

- ○ **magnificent** [mægnífəsənt]
- ○ **combination** [kàmbənéiʃən]

- ○ **horrible** [hɔ́ːrəbəl]
- ○ **immediate** [imíːdiət]

- ○ **internal** [intə́ːrnl]
- ○ **fatal** [féitl]

- ○ **celebrity** [səlébrəti]
- ○ **inclusion** [inklúːʒən]

- ○ **evolution** [èvəlúːʃən]
- ○ **autograph** [ɔ́ːtəgræf]

- ○ **accountant** [əkáuntənt]
- ○ **profession** [prəféʃən]

- ○ **mammal** [mǽməl]
- ○ **appliance** [əpláiəns]

v 고발하다, 비난하다
v 평가하다

n 시험, 검사
a 희미한, 무기력한 v 기절하다

a 더러운, 불쾌한 v 더럽히다
a 솔직한, 직설적인

a 웅장한, 훌륭한
n 결합

n 무서운, 끔찍한
a 즉각적인, 즉시의

a 내부의
a 치명적인

n 명성, 유명인사
n 포함

n 진화
n 서명 v 서명하다

n 회계사
n 직업

n 포유류
n 가전제품, 기기

- ○ **cathedral** [kəθíːdrəl]
- ○ **canal** [kənǽl]

- ○ **provision** [prəvíʒən]
- ○ **agricultural** [æ̀grikʌ́ltʃərəl]

- ○ **subscription** [səbskrípʃən]
- ○ **criticism** [krítisìzəm]

- ○ **phenomenon** [finɑ́mənàn]
- ○ **beam** [biːm]

- ○ **charm** [tʃɑːrm]
- ○ **halt** [hɔːlt]

원의 방정식

◆ 중심이 $(0,\ 0)$, 반지름 길이가 r 인 원의 방정식은

$$x^2 + y^2 = r^2$$

◆ 중심이 $(a,\ b)$, 반지름 길이가 r 인 원의 방정식은

$$(x-a)^2 + (y-b)^2 = r^2$$

◆ 원의 방정식의 일반형

$$x^2 + y^2 + Ax + By + C = 0$$

n 대성당
n 운하

n 공급, 준비
농업의

n 구독
n 비판, 비평

n 현상
n 빔, 광선

n 매력 v 매혹하다
v 멈추다 n 정지

| 최초 학습일 | . | . |

SELF-TEST RESULT

1st	2nd	3rd	4th	5th	6th
/30	/30	/30	/30	/30	/30

REVIEW CHECK

MIDDLE PAGE OF THE PREVIOUS	MIDDLE PAGE OF THIS VOLUME
49	19　34　42　46　48
○ ○ ○ ○ ○ ○	○ ○ ○ ○ ○ ○

- **highlight** [háilait]
- **grind** [graind]

- **pursuit** [pərsú:t]
- **excel** [iksél]

- **flatter** [flǽtər]
- **irritate** [írətèit]

- **hesitate** [hézətèit]
- **hinder** [híndər]

- **improvise** [ímprəvàiz]
- **fearful** [fíərfəl]

- **envious** [énviəs]
- **extensive** [iksténsiv]

- **faraway** [fɑ:rəwéi]
- **fluent** [flú:ənt]

- **controversial** [kàntrəvə́:rʃəl]
- **candidate** [kǽndidèit]

- **warrior** [wɔ́(:)riər]
- **republic** [ripʌ́blik]

- **lumber** [lʌ́mbər]
- **suburb** [sʌ́bə:rb]

v 강조하다 n 중요 부분
v 갈다, 빻다

n 추구, 추적
v 능가하다, 뛰어나다

v 아첨하다, 칭찬하다
v 짜증나게 하다, 자극하다

v 주저하다, 망설이다
v 방해하다, 저해하다

v 즉흥적으로 하다, 임시방편으로 하다
a 무서운, 두려워하는

a 부러워하는
a 광범위한, 방대한

a 먼, 멀리 떨어진
a 유창한

a 논란이 많은
n 후보, 지원자

n 전사, 무인
n 공화국

n 목재, 판재
n 교외, 변두리

○ **cemetery** [sémətèri]
○ **tuition** [tjuːíʃən]

○ **yearbook** [jiərbuk]
○ **immigration** [ìməgréiʃən]

○ **symptom** [símptəm]
○ **commerce** [kάmərs]

○ **blend** [blend]
○ **drain** [drein]

○ **profound** [prəfáund]
○ **conscience** [kάnʃəns]

원과 직선

◆ 원 $(x-a)^2+(y-b)^2=r^2(r>0)$과
직선 $y=mx+n$을 연립하여 구한
판별식을 D, 중심과 직선 사이의 거리가 d,
반지름의 길이가 r 이면

① $d < r\,(D>0)$ ⟺ 두 점에서 만난다.
② $d = r\,(D=0)$ ⟺ 한 점에서 만난다.
③ $d > r\,(D<0)$ ⟺ 만나지 않는다.

n 묘지
n 수업료, 교육비

n 졸업앨범
n 이민, 이주

n 증상
n 상업, 무역

v 섞다 n 혼합물
v 배수하다 n 배수구

a 심오한
n 양심

최초 학습일	.	.

SELF-TEST RESULT

1st	2nd	3rd	4th	5th	6th
/30	/30	/30	/30	/30	/30

REVIEW CHECK

MIDDLE PAGE OF THE PREVIOUS	MIDDLE PAGE OF THIS VOLUME
50	20　35　43　47　49
○ ○ ○ ○ ○ ○	○ ○ ○ ○ ○ ○

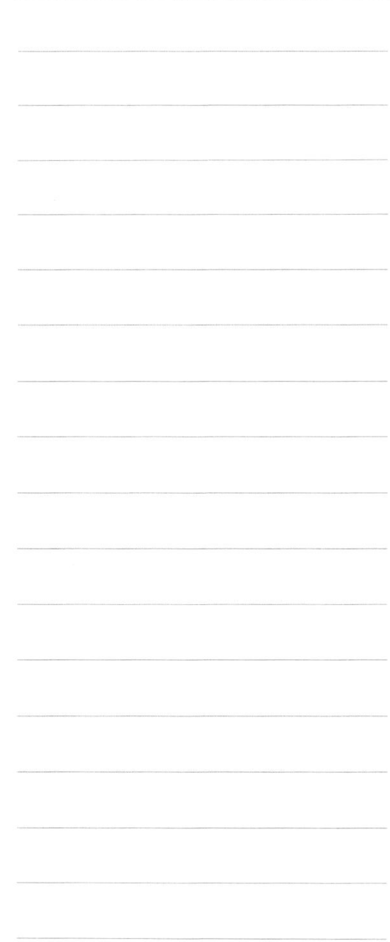

EBBINGHAUS
WORDBOOK

에빙하우스 수능만점 영단어
COURSE H-1

EBBINGHAUS WORDBOOK
ⓒ 이순범, 2025

초판 1쇄 발행 2025년 09월 20일

지은이   이순범
펴낸이   이기봉
편집   좋은땅 편집팀
펴낸곳   도서출판 좋은땅
주소   서울특별시 마포구 양화로12길 26 지월드빌딩 (서교동 395-7)
전화   02-374-8616~7
팩스   02-374-8614
이메일   gworldbook@naver.com
홈페이지   www.g-world.co.kr

ISBN   979-11-388-4672-1 (52740)